民國滬上初版書·復制版

中國傳統思想之檢討

新中華雜誌社編

上海三联书店

图书在版编目(CIP)数据

中国传统思想之检讨 / 新中华杂志社编. ——上海:上海三联书店,2014.3
(民国沪上初版书·复制版)
ISBN 978-7-5426-4677-4
Ⅰ.①中… Ⅱ.①新… Ⅲ.①思想史—研究—中国 Ⅳ.①B2
中国版本图书馆 CIP 数据核字(2014)第 047665 号

中国传统思想之检讨

编　　者 / 新中华杂志社编
责任编辑 / 陈启甸 王倩怡
封面设计 / 清风
策　　划 / 赵炬
执　　行 / 取映文化
加工整理 / 嘎拉 江岩 牵牛 莉娜
监　　制 / 吴昊
责任校对 / 笑然
出版发行 / 上海三联书店
(201199)中国上海市闵行区都市路 4855 号 2 座 10 楼
网　　址 / http://www.sjpc1932.com
邮购电话 / 021-24175971
印刷装订 / 常熟市人民印刷厂

版　　次 / 2014 年 3 月第 1 版
印　　次 / 2014 年 3 月第 1 次印刷
开　　本 / 650×900　1/16
字　　数 / 160 千字
印　　张 / 12.5
书　　号 / ISBN 978-7-5426-4677-4/B·357
定　　价 / 70.00 元

民国沪上初版书·复制版

出版人的话

如今的沪上,也只有上海三联书店还会使人联想起民国时期的沪上出版。因为那时活跃在沪上的新知书店、生活书店和读书出版社,以至后来结合成为的三联书店,始终是中国进步出版的代表。我们有责任将那时沪上的出版做些梳理,使曾经推动和影响了那个时代中国文化的书籍拂尘再现。出版“民国沪上初版书·复制版”,便是其中的实践。

民国的“初版书”或称“初版本”,体现了民国时期中国新文化的兴起与前行的创作倾向,表现了出版者选题的与时俱进。

民国的某一时段出现了春秋战国以后的又一次百家争鸣的盛况,这使得社会的各种思想、思潮、主义、主张、学科、学术等等得以充分地著书立说并传播。那时的许多初版书是中国现代学科和学术的开山之作,乃至今天仍是中国学科和学术发展的基本命题。重温那一时期的初版书,对应现时相关的研究与探讨,真是会有许多联想和启示。再现初版书的意义在于温故而知新。

初版之后的重版、再版、修订版等等,尽管会使作品的内容及形式趋于完善,但却不是原创的初始形态,再受到社会变动施加的某些影响,多少会有别于最初的表达。这也是选定初版书的原因。

民国版的图书大多为纸皮书,精装(洋装)书不多,而且初版的印量不大,一般在两三千册之间,加之那时印制技术和纸张条件的局限,几十年过来,得以留存下来的有不少成为了善本甚或孤本,能保存完好无损的就更稀缺了。因而在编制这套书时,只能依据辗转找到的初版书复制,尽可能保持初版时的面貌。对于原书的破损和字迹不清之处,尽可能加以技术修复,使之达到不影响阅读的效果。还需说明的是,复制出版的效果,必然会受所用底本的情形所限,不易达到现今书籍制作的某些水准。

民国时期初版的各种图书大约十余万种，并且以沪上最为集中。文化的创作与出版是一个不断筛选、淘汰、积累的过程，我们将尽力使那时初版的精品佳作得以重现。

我们将严格依照《著作权法》的规则，妥善处理出版的相关事务。

感谢上海图书馆和版本收藏者提供了珍贵的版本文献，使“民国沪上初版书·复制版”得以与公众见面。

相信民国初版书的复制出版，不仅可以满足社会阅读与研究的需要，还可以使民国初版书的内容与形态得以更持久地留存。

2014 年 1 月 1 日

中國傳統思想之檢討

新中華雜誌社編

中華民國三十七年七月初版

中國傳統思想之檢討

目次

（頁數）

中國傳統思想之檢討

我們爲甚麼要做這檢討傳統思想的工作（代序）

金兆梓

我要說明我們爲什麼做這檢討傳統思想的工作，我得先說明什麼是思想，什麼是傳統的思想，這纔可以說到爲什麼要來做這一套檢討的工作。

什麼是思想？思想這一名詞，一望而知是一種心理的現象；再說得詳細一點，便是就當前事物加以思維，由思維而產生的一種意識現象。

那末什麼是傳統思想呢？思想旣是由對當前事物的思維而形成，那末思想之上而冠以「傳統」一詞，望文生義也就可以知其不限於當前事物——豈但不限於當前事物，而且明明告訴我們，這不是由於對當前事物的思維所形成，而是由於古先人對當時事物的思維所形成，不過經他們的後人加以追認而成爲應遵守的教條，積祖相傳地傳下來，使後人不得不捨棄自己對當前事物的思維，而服從已往的古人的思維。

所謂「對當前事物的思維」，這無疑是一種心理上的反應。凡一新事實的發生，一新物件的發見，吾人面對了這一事一物，爲了適應起見，自然而然會在心理上起了一種反應，這便是思維之由來。積了多人的思維，捨去其不同而抽取其同，使那一部分衆人共同的思維成爲共同承認的信念，這纔形成了所謂思想。在同一地同一時的社會中，假定沒有受過些微古先傳下來那些教條的影響，那末這對當前實際事物的純粹共同反應，自必和當前事物的實際最爲調適，因爲這原是對此事此物而發生的反應，其正確雖不能和攝影一樣準確，而較之夾雜有他種物象攝入鏡頭者總正確得多。

可是，思維的機構——神經系統和感覺器官——原是我們用以思維的工具。要使工具能使用得得當，這運用工具的本領必須受過訓練。可是施以此種訓練者是什麼人呢？這無疑是已具有這本領的人；換句話說，就是上一輩子的人，至少也是聞道在我先的人；那末這些人未必是生而知之者，勢必有所從受。這又無疑是受之於比他們再上一輩子或聞道更在先的人。再上一輩子還有再上一輩子的人，更在先的還有更在先的人，由此上推，可以推到很遠很遠的古先人。照這樣積祖相傳下來的訓練方法，勢必至或多或少的要將古先人之所思維而成的思想也連帶傳下來，以迄於近今，這便是傳統思想尙存於近今的由來。思想而有這種傳統思想滲雜在內，其不能像那純粹的共同反應和當前事物實際調適，這也是「勢有必至，理有固然」的事實。因爲古先人思維時，其所思維的對象未必盡同於今日。以此而言反應，不將「方暑而思向火，當春而悲落葉」了嗎？不將「講鑽燧於夏后之世，謀決瀆於殷周之庭」了嗎？所以環境變了，社會變了，而我們的反應却不能隨之而變，或變而不澈底，這無異安牛頭於馬項，試問如何配合得調適？這種道理，我想粗淺到不能再粗淺了。然而……

其實說起來，傳統思想，還不僅不能與當前事物——當前的環境或當前的社會——能配合得調適，有時還是以妨礙社會的進步。這因由傳統思想而形成的社會意識諸形態，諸如風俗、習慣、政治、法律、倫理、宗敎、敎育乃至哲學、藝術等等，原都已因了傳統的關係被尊稱爲文化了。這種文化當然是非物質文化，原是所以適應衣、食、住、行等物質文化的。可是一個社會的進步，物質文化的進步往往較活潑而佔了領導權；反過來非物質文化却往往有其先天的惰性來作拉腿的工作，拉住了物質文化的腿，不使之有痛快的進步。所謂社會的進步，原指的是社會生活的進步。衣、食、住、行等物質文化的進步，不就是社會生活的進步嗎？所以物質文化實在就是社會生活的本身；其進步與否，也即是社會生活本身的進步與否。那些非物質文化既足以拉物質文化進步的腿，當然也便足以妨礙社會的進步。這是明明白白的邏輯，而無所容其詭辯。現在賸下了所要說明的，就是非物質文化「果否具有先天的惰性」一個問題了。

講到文化的惰性，原不限於非物質文化，便是物質文化也有它的惰性，可是就這兩種文化發生的先後講，物質文化總是先非物質文化而邁進的；例如人類狩獵社會進於牧畜社會或耕稼社會時，絕不因狩獵社會中有一種什麼非物質文化引起他們改善物質生活的動機來；反之正因牧畜和耕稼的物質文化，纔使得古代的社會組織由母系中心進而爲父系中心。這還是指沒有文化的社會講，或可說是指文化——不論物質、非物質——由無而到有的時候講。即如現代的社會組織，難道我們能說不爲了適應工業革命後的物質文化而形成的嗎？難道我們能說先有現代的社會組織而後有工業革命嗎？本來非物質文化是爲適應物質文化而產生的，這在原則上就是這麼一回事。你能說當前並沒有須思維的事物，憑空會去思維嗎？攝影機前沒有人體或景物，影片會有什麼影像憑空顯現出來嗎？固然，天下事原不可一概而論，沒有科學的發達和西歐各國海外貿易的發展也未必有工業革命。但這種互相影響互相倚存的現象要無非爲的是求生活的進步，生活的進步原就是物質文化的本身，這當是無可否認的事實。烏格朋（William Fielding Ogburn）說得好：『俗話說得好，文明不過是一層鍍上的金，假如在文明人背上用刀刮一下，便可刮出一個野蠻人來。』

由上所述，我們可以肯定的說，社會文化的發展，必先有物質文化，而後有非物質文化以適應之。而且不但先有物質文化而後有非物質文化；還往往物質文化向前邁進，非物質文化卻跟在後頭趕不上，便成了文化落後的現象。趕不上，假如肯努力前進，迎頭趕上，還可勉求其調適，無如當趕不上時，還往往要拉住了物質文化的後腿來求調適，這就是所謂反動了。這種例證，我們不必遠求，只須求之於我國近百年史。例如築造鐵路，行駛火車，這原是所以捷於行遠的，當然是物質文化。可是當清光緒元年上海吳淞間由英人瑪禮遜(Morison)築造了一條鐵路，當時蘇松太道馮竣光卽起而反對，但反對的理由却不是主權問題，而是因火車壓斃人命。但是這還是表面的理由，實際上還是當地的人民也狃於風水的迷信而羣起反對。結果由李鴻章與英人交涉，備價收回，將全路一切材料盡行沈入打狗湖中，當一時人士都額手稱慶。第二年中國駐英公使郭嵩燾致書李鴻章請辦鐵路，清政府中的官吏除了李鴻章一人外，沒有一個不責備郭嵩燾爲名教罪人。所謂風水，便是風俗，所謂名教，可說是倫理或哲學；總括一句話，都是思想，而且是傳統的思想，這不是非物質文化是什麼？這樣一來，我國鐵路的築造要延到光緒十四年纔由李鴻章一意孤行實現了天津通州間一小段，而當時反對者，還是紛紛而起。這時的李鴻章以一身而辦機器局、開煤礦、設電綫、創招商局、設織布局，儘量輸入西洋的物質文化，然而李鴻章畢竟招了個漢奸的惡名。這不是非物質文化拉住了物質文化的後腿，不使前進的顯例嗎？

何以會有這種情形的呢？除了我上面所講訓練思維時或多或少連帶傳下來的古老思想外，還有一個比此更重要的原因：這個原因，約略同於我曾說過的那個原因，不過將上一輩子的人或聞道在先的人換做了社會上有地位的權威人士。大凡一個人既在社會上獲得了權威的地位，無論他正路的才調也好，歪才也好，聰明才智必有勝人之處，這也原是不爭的事實。惟其如此，這些人憑其地位很容易得到一般人的信服；固然未必中心悅而誠服，至少也要屈於他們的權威而不敢不服從。在這種情形之下，他們就隱然握有操縱一時思想的權威，而成思想的壟斷者。其人一旦成了思想的壟斷者，他必以爲最好一切思想讓他們去獨佔，不許人家有思想，尤其不許有新的思想，使大家都只能做他們的應聲蟲。思想本來不比衣食之不可一日或缺。沒有衣，要凍死；沒有食，要餓死；沒有思想，雖不免於苦痛，總不至於死。一般人只要不至於死，在思想方面遷就一點原也未嘗不可，而況權威人士還往往操生死人之權以相臨呢？這就是非物質文化所以會趕不上物質文化的絕大原因。至於權威人士的思想，則因他們既握有權威了，最好一切不必更張，一更張，對他們的既得權容有萬一之不利，又何肯放鬆呢？更何肯冒險呢？因此傳統思想便深根固柢蟠結於他們的思維機構中。這只消看看，自古以來，凡是主張革新的，必都是年輕而無地位的人，於是「年輕」與「躁進」兩詞就結了不解之緣。老實說，年輕人是社會組織中的新細胞，新細胞不讓長大，社會還會有進步嗎？所以我上文說傳統思想還足以妨礙社會的進步。

當然傳統思想——非物質文化的核心亦是根源——妨礙社會進步的原因，不僅止於我上面所說的那一二種。不過這在社會學上都有得說過，不必我再辭費。只是所謂有權威的人士，並非個個頑梗不化的人，不然近代世界上那些突飛猛進的民族，難道就沒有這種阻障了嗎？照我個人的臆見，以為一個社會變動得顯著而多了，傳統思想的作祟就不會太厲害，因為那些年老的或有權威的人士眼見得不能不變，其思維機構見得多似也容易習於變，所以會適應社會的進步。惟有那靜止不變的社會如我國，古老文化是有的，只因我國社會生活亙一二千年而不甚變，那些古老文化直至百年前似乎還不曾失去了效用，自然容易很調適地被保留着。這種古老文化保留得越久，惰性便越強，其拉後腿的力量也愈大，於是社會生活——物質文化——也越給它拉得緊緊，一動不能動而成了靜止的狀態。即使有外來的物質文化乃至非物質文化來予以強烈的推動，也很不容易發生效力。所以到了清季，外來的物質文化闖進來了，古老文化明明已不能配合得調適了，但議築鐵路時，有一位曾出使英法等國的劉錫鴻說：『鐵路乃天所以專賜西國，斷不可移植中華。』這不十足表示我們這種古老文化的頑梗嗎？固然同時並非沒有像李鴻章一類的人，但李鴻章當時不正被謚爲漢奸了嗎？而況現在更非復李鴻章的時代了。可是現在還有人神往於我們那頑梗不化的傳統思想——古老文化，咀而又咀，嚼而又嚼，想從朽腐中咀嚼出神奇來。於是孔子、董仲舒不妨到如今還可拿來做示範的教育家；而用西洋天算之學潤色經義的戴東原也不妨被尊爲用科學方法治學的大師；其他盲目的復古運動，更不勝舉。這種學術風氣不廓清，這種傳統思想不根除，而要在這樣的時代求生存，我們眞有些不敢想像。有人說，照你這樣說起來，那些傳統思想的載籍都可以一炬而拉雜摧燒之了嗎？話不是這樣講。這些東西都是史料，我們要明白我國文化的演進過程，自然不能不保存。這讓那些治史者去做工作罷。可是治其他學科者、教育者、從政者却不可再拿來當做教條以教今之人。今人自今人，古人自古人；今人應有今人的頭腦，不可借古人的頭腦以爲頭腦。傳統思想是從古人頭腦中出來的，於今已無用。要知古人者「其人與骨皆已朽矣」。

這就是我們要做這一套檢討工作的因由。

論中國傳統思想之取得存在與喪失存在的問題

王亞南

一

從社會的意義上講，一個社會的傳統思想，殆可以說，就是它的正統思想。一種思想體系能長久沿襲保存下來，已經表明出了它的獨占性格，即表現出了它自以爲是正統，其他皆非正統而爲異端的、排他的性格。每種思想，在它本身雖然也能顯示出包容的寬度或狹隘性大小的差別，而歸根結柢，它的獨占排他特質，仍得是通過社會對於它的要求，或它對於一定社會制度的適應性而顯示出來。換言之，就是一種傳統思想，往往要由一種與它同時並存的傳統社會制度，取得社會存在的意義；一旦那種社會制度發生了動搖或根本喪失了存在，任何『推之四海而皆準，百世以俟聖人而不惑』的高見或傳統權威，立卽就會暴露出它的狹隘性，而叫一個最頑固保守的人，也能嗅出它的陳腐味道。所以，一部社會史，是不絕破壞舊傳統制度、建立新傳統制度的除舊佈新的歷史；相應着，一部社會思想史，也就是不絕破壞舊權威、建立新權威的新陳代謝的歷史。

社會存在規制着範圍着社會意識的微言大法，儘管早已被當作一種常識，而爲人們所接受，但是，那怕是一個衷心服膺那種學說的社會哲學者或科學研究者，一遇到比原則比法理更複雜更豐富的現實問題或歷史問題，又往往會因爲他們只知道拘泥或望文生義的去理解原則，而未能認識一個極簡單的原則，需要通過非常深澈的分析力，從錯綜複雜的社會事象中去靈活鑑別的運用；所以，談「存在決定思維或意識」的人很多，而因爲運用那個原則不來，回過頭來反對的人却也不少。一個顯著的例證，就是有關中國傳統思想發生的許多大議論，如中國傳統思想阻制中國社會發展的見解，如中國傳統思想得超歷史存在的見解，如中國傳統思想一直在因時制宜的變化着的見解…………等等，其中都直接橫着那個思維與存在的關係的問題。爲了答復或反駁那許多似是而非的見解，我們應該好好研究一下，看中國傳統思想是怎樣取得存在，並看它是否會喪失存在。事實上，它取得存在似已經不成爲問題，而我們目前應注意的，乃是它爲何還頑執的存在着，究竟要到什麽時候才會喪失存在。

二

不過，中國傳統思想是否會喪失存在，或這究在何種場合才會喪失存在的問題，在研究的進程上，是需要從其取得存在或如何存在着的問題說起的。

關於傳統思想的存在或取得存在的問題的說明，有幾個有關的前提認識，需要辨別清楚。而以往乃至當前許多人對中國傳統思想之所以發生了一些幻想或誤解，大體是由於不曾明確分辨下面這幾個有關的前提認識。

第一，是**思想的通性與特性的問題**。我們講思想，它是全稱；講傳統思想，它是特稱。兩者是可以相含的，但不是同一的。饑而思所以得食，渴而思所以得飲，受壓迫思所以反抗，對弱者表示同情，特別是親子間的慈愛，友朋間的交誼，以及有關所有這些方面的觀念、意見、教義，大體都具有一般的通性；人類文明社會存在一天，這些思想也許能一同千古。而事實上，古今中外一切文化程度不等的社會或民族，殆莫不在這些方面表現有深淺不同的基本思想存在。這是我們遠古祖先所感、所思、所行，能够叫後代子孫、異族人民，發生共鳴或引起反感的基礎條件，亦是古今中外文化可以傳演交流的基礎條件。所謂『天下車同軌……行同倫』，所謂『天生蒸民，有物有則，民之秉彝，好是懿德』，應是指着這類有通性的思想行爲。如其是這類有通性的思想，我們也自無從稱之爲傳統思想，更不能獨擅其美的誇稱是中國的傳統思想；而中國的傳統思想，只不過是以這類有通性的思想爲基礎，因應特定社會的統治需要，將其中某些部分或某些因素，特別強調，或矯揉造作而成的東西。比如，作爲中國傳統思想之核心的倫常教義，原本是儒家就已往社會通體存在的，有許多是根於人類天性或自然要求所形成的親子之愛、友朋之誼一類思想習慣，加以推演，加以渲染，加以矯造，以期達成某種目的的結果。而我們有些天眞的學者，特別像梁漱溟先生等，因爲不曾分辨其中的差別，一方面硬把儒家的倫常教義，當作是中國孔孟之流的聖哲的「特殊發現」，同時又將其絕對化成超歷史的東西，以爲中國今後對世界文化的貢獻，就是這一套精神的法寶。其實，這是錯了。

第二，**是思想的主流或傍流的問題**　這一項是比較容易說明的。當作一個社會傳統思想看的思想，可能因應客觀的需要，同時把那些與它相異的，甚至相反的意見或學說，採雜在它裏面，一同傳衍下來。比如，中國中古以後的儒家思想，有的就變成怪異萬千，有的則禪氣盎然；從這點上立論，似乎傳統的思想，眞個與正統的思想兩樣了，卽異端的思想，可以同正統的思想相倂當作傳統思想而存在着。但這是似是而非的；我們講到一個社會的傳統思想，一定要把它的主流或主幹與傍流或枝節分開，且一定要把異端學說，附麗或依託於正統思想，甚或被編組於正統思想中的道理講個明白。我是打算在下面(四)節中將它講個明白的。

第三，**思想的外圍部分與中心部分的問題**　一個思想體系，是所包甚廣的。我們要把握它，不但要把它的傍流，它的不純粹因素，同它的本體區別開，且還得將它自身的外圍部分與核心部分區別開。比如，我們中國儒家思想是牽涉頗廣的。但從社會立場去看，那種思想體系能長久贏得正統的地位，而當作傳統的東西維持下來，究是由於其體大精思，每一點，每一觀念或見解或教義，都可久，可大，可傳呢？抑僅由其中最核心最精彩，或最適合於社會統治要求的部分，才使其他一切部分也聯帶得到傳衍的機會呢？

以上三個問題的提出，都逼着我把中國傳統思想的正體，明確指點出來。

三

當作中國傳統思想或正統思想的儒家學說，由其發端以至現代，本來經過了不少增減變化，但其取得正統思想地位的幾項根本主張，却仍是萬變不離其宗的被保持着。我們可以說，是因爲儒家學說中，有我們將在下面指出的幾種中心思想，才逐漸爲歷來的專制官僚封建統治者所賞識；我們還可以說，是因爲那幾種中心思想，被專制官僚封建統治者賞識了，後儒才益發在那幾方面特別有所發揮。不論如何，由孔子集大成了的儒家學說，是到專制官僚統治確立了的漢代，始由「罷黜百家」而正統化，而定於一尊的。我曾在其他場合（見拙作「中國官僚政治研究」第六篇「官僚政治與儒家思想」），指出儒家學說有三大中心思想綱維着，而那三者也正好是維護專制官僚封建統治所缺一不可的。其一是天道觀念，其二是大一統主張，其三是倫常教義。玆分別簡釋如下：

（一）**天道觀念** 任何一個專制統治，都是需要藉助於愚民政策的，而愚民政策的推行，在較低的文化階段，言鬼言神；在較高的文化階級，則言天言自然。儒家學說體系出現在學術比較昌明、思想比較自由的春秋戰國之世，一般儒者都不肯言鬼言神，却昌言「天」。言神，在神學範疇，言天，則比較進了一步，在玄學範疇。在近代初期的歐洲社會，強調天或自然的玄學，本是當時專制官僚統治的代表意識。在社會的實質上，中國傳統的專制官僚政治，較之近代歐洲的專制官僚體制，是低級得多的，因之，中國儒家強調的「天」，就顯然比歐洲啓蒙學者所宣揚的自然，有更多的神性。所謂『君萬物者莫大乎天』（「易」「繫辭」上），所謂『天道福善禍淫』（「書經」「湯誥」），所謂『皇矣上帝，降臨有赫，監觀四方，求民之瘼』（「詩經」「小雅」）……通像表明冥冥之中，有一個司吉凶禍福的人格神在那裏主宰；但同時却又有更濃厚的政治性，所謂『天生民而樹之君，以利之也』（「左傳」「文公」），所謂『天佑下民，作之君，作之師，惟其克相上帝，寵綏四方』（「書經」「泰誓」），所謂『天子爲民父母，以爲天下王』（「書經」「洪範」）……通像表明「天」或「上帝」不能自行其意志，而必假手於天子或帝王以行之，於是帝王或天子的所作所爲，就是所謂『天功人其代之』，換句通俗的話，就是『替天行道』。

可是，「替天行道」的事，過於繁重，天子一個人作不了，要大大小小的官吏在一種政治組織下來代他或幫同他處理，結局，單是把帝王或天子的存在地位神祕化了神聖化了還不够，必得使他的官吏們，使他們大家所由進行統治的政治秩序，也都取得一種「玄之又玄」的或「先天的」存在依據才行。關於這一點，儒家的集大成者如孔子乃至以後的孟軻，都不曾講得明白，直到漢武帝時主張罷黜百家、崇尙儒術的董仲舒，纔因了要把專制官僚體制合理化神聖神祕化的要求，而痛快的予以發揮了。他說：『天以四時之選，與十二節相和而成歲，王以四位之選，與十二臣相砥礪而致極』（「春秋繁露」「官制象天」）。不僅如此，天有春夏秋冬之異氣，聖人則『副天之所行以爲政』，而分別出以慶賞罰刑，所謂『王者配天』。

這天人相通的玄學，與歐洲啓蒙學者所強調的自然秩序社會秩序相通的玄學比較，顯然表現得更素樸、更牽強附會，但其本質的要求是極相類似的：即專制官僚政治秩序，沒有貴族政治秩序那樣有外部的一見明白的自然血統條件可資爲依據，它就需要託之於天，假手於不可見不可知的冥冥主宰，以杜絕野心者的非法覬覦。至若中國歷代王朝末期的犯上作亂者，往往也假託天命，譌言端異，以加強其政治號召，那正是現實歷史辯證表現之一例，而於專制官僚政體需要一種玄學爲其政治出發點的主張，並無抵觸，每一個王朝的開國君臣，都是會把『天予不取，反受其殃』，『予弗順天，厥罪惟鈞』的經典文句，背誦得爛熟的。

(二)**大一統主張** 前所謂「受命於天」的帝王或君子，乃是「天地」或「天下」的最高主權者，所謂『皇天眷命，奄有四海，爲天下君』(「書經」「大禹謨」)。這句話的翻譯，就是『普天之下，莫非王土，率土之賓，莫非王臣』。孔子依着這天命的最高主權不可分割的命題出發，而主張「尊王」，主張恢復西周形式上的大一統，而對於破壞那種大一統，並各霸一方各自爲政的亂臣賊子，不惜口誅筆伐。至於「作春秋」而亂臣賊子是否眞正有些恐懼，當然是另一個問題，但孔子託「春秋」以明其「復夢見周公」之志，想把當時分崩離析的局面，多少挽回過來，却是一個事實。又孔子所夢想恢復的大一統，原不過是西周那種只在形式上表示『禮樂征服自天子出』的貴族政治秩序，可是專制的官僚的統治，却正好需要這種『天無二日，民無二王』的學說，來支持其中央集權的政治獨占局面。假使在四境之內，或在聲教所暨的小天地間，有一個國土或有某一個民族自樹一幟，不肯對那個自視爲「誕受天命」的政權表示服從，就算它安其土而子其民，治理得頗有條理秩序，也認爲非撻伐用張，使其解體屈服不可。而且，那種獨樹一幟或未曾就範的政權，愈是治理得有辦法，它便愈要成爲『王赫斯怒，爰整其旅』的征伐的目標。照理，「天下爲私」的專制者，自己既強制傍人接受自己的統治，他究竟何所根據而阻止旁人不各自爲治？或者至少他將如何勸說旁人不各自爲治呢？在這種場合，「天命」和「春秋大一統之義」，便被反復發揮與宣傳，大一統教義在呂不韋的「呂氏春秋」中，是講解得非常明澈的，而言「天人相通」的董仲舒更公式化爲『春秋大一統者，天地之常經，古今之通誼』。由是久而久之，『謬種流傳，演爲故智』，致使在現代以前，中國的政治辭典中，始終沒有「分治」，「聯治」那一類名詞。「一統的江山」或「一統的政治」未曾實現，就稱爲「創業未半」。已實現而後爲人割裂，就稱爲「偏安」。每到一個朝代末期，羣雄並起，互相厮殺，直到最後有力有勢者，混一宇內，才使那些爲人忙着打天下的老百姓，得到一點喘息的機會；「眞命天子」出現了，儒家「大一統」的理想，又實現一回。

(三)綱常教義　任何一個專制君主，無論他的天下是怎麽得來的，是出於強奪，抑是由於篡竊，他一登大寶，總不會忘記提出與取得天下正相反對的大義名分來，藉以防阻他臣下的效尤「強奪」或「篡竊」，所謂『竊國者侯，侯之門仁義存』，就是這個道理。

本來在統一的專制政治局面下，始終存在一個統治上的矛盾：一方面要儘可能使「普天之下」，都收入版圖，接受治化；同時，擴充的版圖愈大，要使宇內道一風同，心悅誠服，就愈感困難。爲了解決這個治化上的矛盾，自漢朝武帝君臣起，就多方設法推行儒家的綱常教義。綱常之教的重心在乎三綱，即所謂君爲臣綱，父爲子綱，夫爲妻綱。亦即君權、父權、夫權的確認。從表面上看，只有君臣的關係是有關政治的，而父子夫婦關係則是有關家族的。但中國綱常教義的眞正精神，却正好在於它們之間的政治聯繫。中國一般讀書人都很記得『天下之本在國，國之本在家，家之本在身』的格言，把表現的方式換一下，就是『身修而家齊，家齊而國治，國治而天下平』。爲什麽一般人也有這大的政治作爲呢？我們「聖人」是這樣註釋得明白的：在積極一方面講，『君子之事親孝，故忠可移於君；事兄弟，故順可移於長；居家理，故治可移於君。』（「孝經」「廣揚名」）；在消極一方面，『其爲人也孝弟，而好犯上者鮮矣，不好犯上而好作亂者，未之有也』（「論語」「學而」）。所以，孔子答復一個說他不肯從事政治工作的人說：在家裏孝順父母，友愛兄弟，就有政治作用，就等於從政，何必一定要立在政治舞台上（『惟孝友於兄弟，施於有政，是亦爲政，奚其爲爲政。』——「論語」「爲政」）？這在一方面說，是家族政治化，在另一方面說，又是國家家族化，倫理政治的神髓就在此。但我們應當明瞭這種政治的目的，不在使全國的人，都變成一家人一樣的相互親愛，而在使全國被支配的人民，都變成奴隸一般的馴順。所謂『居家理，故治可移於君』；所謂「移孝作忠」，都不過表示「父爲子綱」，「夫爲妻綱」，結局無非是要加強「君爲臣綱」的統治作用；把防止「犯上作亂」的責任，通過家庭，通過族姓關係，叫爲人父的、爲人夫的、爲人族長家長的，去分別承擔。在社會上，父子夫婦的關係，是到處存在的；亦就因此之故，政治統治的功用，就無形滲透進了社會每一個角落，每個人間的毛細孔。而且，家族政治聯帶責任，在有所勸的場合，就是『一人成佛，雞犬皆仙』，『滿門有慶』；在有所懲的場合，就是一人犯法，九族株連。其結果，父勸其子，妻勵其夫，無非是要大家安於現狀，在現狀中求「長進」，求安富尊榮，而天下就因此「太平」了。

所以，儒家的「大一統」，由盡量擴大政治版圖所造出的上述統治上的困難問題，就由其盡量推行綱常之教或倫理的治化，而相當的得到解決，而這又暗示那些把廣土衆民治理得服服帖帖的專制君主，及其「變理陰陽」，「參贊化育」的大臣們，眞像是『嗚呼！惟天生民有欲，無主乃亂，惟天生聰明時乂』（「書經」「仲虺之告」）！『天地生君子，君子理天地』（「荀子」「王制篇」）；這一來，天道觀念，大一統主張，綱常教義，就成爲「三位一體」了。

四

以上述這三項內容系統化成一個整體的中國儒家學說或傳統思想，儘管儒家自己多方宣揚如何博也大也悠也久也，而在它本身，卻顯示出了一種極其狹隘的階級特質，它不僅是在爲君主、貴族、官僚、士紳的利益講話，而且簡直是用訓話，用誥誡，用命令的語氣，站在統治者的地位，向一般被支配的人民大衆，特別是向「蚩蚩者氓」的農民講話。無論你打開那一部經傳，都不易發現「人民之聲」，而只是一些叫人民如何馴服才有利益的教條。孟軻沒有孔子的圓通修養，講了『君之視臣如草芥，則臣視君如寇讎』；『民爲貴，社稷次之，君爲輕』一類稍露稜角的話，其本意無非表示爲人君者，要重視臣下，要愛重人民，始能保全國家社稷，仍是「統治術」的反面講法。不學無術的朱元璋，竟望文生義，怒斥孟軻爲背逆無道的鼓吹者，將其撤出聖廟，不予奉祀。眞是『趙孟之所貴，趙孟能賤之』了！由此可見儒家學說之被重視，被奉爲正統，乃因其在積極的明確的爲統治者立言。而這也就把它的階級特質曝露得非常明顯了。

我們試把歐洲的傳統或正統思想來作一比較觀察。

如其說儒家學說是中國的傳統思想，耶穌基督的學說，就成爲歐洲社會很長一個期間的傳統思想了。但因基督教原來是當作一種「平民的社會哲學」而顯現出來，那同中國儒家學說原本是當作一種「貴族的政治哲學」而登場，有了極大的差別；其結果，基督教就比較能顯出更大的適應性，而不像中國儒家學說，竟硬化爲只有統治者才特別需要它、尊重它的東西。一個歐洲的社會史學者說：『在一千五百年的過程中，基督教經過了許多的變化：由下層社會反抗民族商業資本的宗教，一變而成了商業宗教；由下層社會的宗教變成了上層社會的宗教；由少數猶太人組成的教派而變成了東西羅馬帝國的國教。因爲這種宗教，賦有國家性質與夫善於適應環境，故日耳曼與斯拉夫的貴族，都樂於藉此以統治人民，宗教給了他們一種統治人民的新工具。此外，貴族們也善於利用僧侶散佈「王權乃上帝所賜」的思想，使其貫注到人民的意會中。所以，在商業資本主義時代，僧侶成爲專制政府及王權之最忠實的保護人。』（見庫斯聶著高譯本「社會形式發展史大綱」中卷第六一八頁）

這就是說，基督教思想之被視爲正統思想，長期爲歐洲社會所維護與重視，根本的雖然仍是由於統治者階級在不絕利用它來作爲思想或精神控制的工具，但因爲它那種思想當中，本來具有平民的社會意識，所以，它同時也被當作反抗既成統治局面的武器，這樣，就不但把它的階級的狹隘性減弱了，往往也成爲推動社會走向改革途徑的一種不可忽視的動力。『基督教的溫和社會思想，經過了多少次的蛻化，如像蜥蜴之依外部環境而改變其顏色。但宗教不但改變外形，且還改變內容。利益極端相矛盾的階級所以同時能利用基督教，正由於此。一方成爲統治階級的國教，一方又成爲下層社會的革命學說。在各時代社會的騷動與暴動中（工業資本以前），基督教往往適合羣衆的需要。宗教是最通俗的社會思想形式，甚至於革命者也易於將必要的內容，隱藏於宗教之中。』（同上第六一九頁）

反之，在中國的儒家思想，雖然在長期專制官僚統治過程中，也被御用或利用，而採取了一些不同的姿態，或隨時代演變而附加入了一些新的因素，但它自始至終是統治者方面的精神工具。比如，陶希聖曾指出孔子曾有以次七個階段的發展：『封建貴族的固定身分制度的實踐倫理學說，一變爲自由地主階級向殘餘貴族爭取統治的民本政治學說與集權國家理論；再變爲取得社會統治地位地主階級之帝王之學，帶有濃厚的宗教色彩，孔子遂由此成了神化的偉大人格；三變而擁抱道教佛教，孔子又變爲眞人至人及菩薩；四變而道士化；五變而禪學化；六變而孔子經世濟民的探討失敗，所留存者，偉大的孔子，爲地主階級與士大夫集團之保護神；現在孔子到了第七次發展或轉變的時期了，有人想把孔子來三民主

義化。』（見陶著「中國社會與中國革命」第一八七頁）

從這段話中的頭一兩句，似乎孔子學說也曾在革除前期封建貴族、建立地主階級集權政治的過程中，起過「革新的」作用，我們即使勉強承認這點，那也只表現它的最大可能的進步性，僅允許專制官僚封建統治，來代替純粹貴族封建統治罷了。過此以往，它的每一種變化，都無非是要增強其維護既成統治的功能。事實上，在秦代出現專制官僚統治形態以後，幾千年來，那種統治形態，就一直不曾離開過我們。而當作那種統治之一重要武器或因素的儒家學說，也在一同千古。不錯，那種學說或思想的外圍部分，變了一些花樣，被吸進了一些在表面上彷彿與其相反或相異的成分，但我們前面述及的三種中心思想，仍始終在作着基本的治化酵母。那至多，只不過依社會物質的與精神的現實條件的發展與演化，分別在那幾種基本治化酵母中，加進了或從儒家學說當中，抽取出了一些可以附比的「有效」因素，使原來的治道治術，改變了一些形像罷了。

五

從上面的說明，我們已明瞭：一種思想之取得存在，而變爲傳統的正統的思想，根本雖然是由它對於當時社會的適應性，能配合特定社會統治的要求，但我們僅僅形式的懂得了這種道理，仍是頗嫌不够的，要進一步理解，以次幾種關鍵須得明白：

第一：一種思想與一種社會制度相配合，或者說，中國傳統的儒家思想與專制官僚的封建體制的相配合，好像「有情人成眷屬」一樣，並不是一碰上就行的，彼此間的「有情」，須得經過多方的接觸與試探；中國官僚封建統治由秦代樹立起來，但秦代却太不識相的演了一幕焚書坑儒的悲劇，就是到了漢代初期，鄉保長格出身的劉邦，根本就瞧儒生不起，惠文景三世，都對黃老術特別發生興趣，直到漢武帝出來，才慢慢由體驗與董仲舒之流的鼓吹，發現儒家學說，確算得維持統治的有力文化武器，於是百家於以黜，儒說於以尊，再才能談到「有情人終成眷屬」了。不僅此也，

第二，被尊崇的儒家思想，要適合「御用」的條件，自須在體系上弄得更「自圓其說」，「以圖報稱」，所以，前述天道觀念、大一統主張、倫常教義，儘管是儒家孔子學說中早已具備了的，但也許述而不周，言有未盡，體系化並不曾達到「理想」境界，必得經過董仲舒及其以後儒者的潤澤點綴，始在思想上更講得通，致用上更靠得住。比如，專制帝王有「天」授命，宰輔大臣們在孔子的教義中，便不曾怎樣周到而明確的爲他們安排一個好好「位置」，經由董仲舒用「四時」「十二節」一比附，官僚儼然都是「星宿」，「皆大歡喜」了。

第三，在被尊崇的思想一方面，固需要使自己在體統上更表現出「致用」的效果，而在尊崇者的方面，自然也不絕要對思想表示它自己的意見。因此，中國傳統思想在西漢中葉以後，開始吸收或收編讖緯之學，配搭以道佛教義，再進，則浸沉於理性。到了清代，又搖擺在辭章考據之間，這些改變，在本質上顯然主要是如我們前面所說，爲專制官僚統治在適應多少有些變化了的物質條件與精神條件下，採行特定文化政策的成果。於是，

第四，經過二千餘年的專制官僚統治，中國以儒家天道觀念、大一統思想、倫常教義爲主流、爲核心部分的傳統思想，儘管在它的外圍部分，迭有增加，其流衍像有不少奇異變狀，但那不僅未改變其本質，且愈到後來，愈和思想的一般的通性隔離，並愈僵化成爲專制官僚統治失却彈性的一層文化硬殼；以致任何一種不利於專制官僚體制的社會政治行動，必然同時會表現爲反傳統思想的行動。『中國二千年之政，秦政也』(譚嗣同)，『中國二千年無思想，非無思想也，以孔子之思想爲思想；二千年無是非

，非無是非也，以孔子之是非爲是非』（李卓吾）。依這兩個斷語，就可以完全明瞭，中國傳統思想是怎樣取得存在了。

從傳統思想取得存在的理解中，我們是會反而推知它將如何喪失其存在的。爲了補足上面的說明，我也分作幾點加以解釋。

第一，中國傳統思想旣被確認爲專制官僚封建體制的代表意識形態，或爲那整個體制中之一鑲配構成部分，顯然要待專制官僚體制瓦解了，崩潰了，傳統思想才會失去它的存在基礎。所以，當現代專制官僚體制發生動搖的過程中，傳統思想也相應失墜了一向的權威；啓蒙運動反專制、反封建、反官僚，同時也反孔家學說，打倒孔家店。當新專制主義、新官僚主義、新封建主義在蒙頭蓋面的活動着，孔子學說也在各種各色的國粹主義中變相復活起來。一部中國現代的社會政治運動史文化運動史，充分爲我們說出了其中一切辛酸事實。

第二，如其說中國傳統思想是官方的學說思想，便於官統治的文化工具，則代替官方思想的東西，一定是屬於人民的，便於人民取得社會政治權力的。現代民主政治思想、社會主義思想等等，或者是部分的或者是全部的屬於這種思想範疇。我們無疑可由這類思想範疇的活動、宣傳、展拓，以打擊眞正的變相的專制主義、官僚主義、封建主義，但却顯然無法期待由這類思想去代替傳統思想。因爲落後的思想也好，進步的思想也好，通要在社會上生根。社會政治經濟體制未根本改變過來，我們決不能期望傳統思想能痛快的離開我們，同時也決不能期望新的進步思想能順暢的取得存在。在這種認識下，我眞不解爲什麼有的政治革新運動者，竟毫不覺得矛盾的提倡孔子學說；另一方面，一些自認爲具有澈底宇宙觀人生觀的思想家，却又毫不慚愧的擁護新封建官僚主義。

第三，在時代變革的過程中，新舊專制官僚主義是遲早要交代其歷史命運的。但是不是一個新社會的到來，一切舊的傳統思想都要摔掉呢？這是毋庸憂慮的。人類社會曾經歷了不少的變革。任一新的社會，都會毫無成見的給予舊思想傳統以歷史的地位。我已講到中國傳統思想也同其他一切社會的傳統思想一樣，是把有關人類發端於自然的一般通性的思想，依特定社會不自然的要求，特別是強制一部分人或一大部分人屈服於另一小部分人或極少數人的統治要求，而矯揉造作成的東西，一旦那種統治要求解消了，傳統思想中的不合理不自然成分雖被揚棄去，而其中，多少有利於或適於自由平等社會生活的成分，將增益有關一般通性的思想的內容，而爲人類大好的精神文化遺產。

對於傳統思想的幾種態度

林礪儒

中國底思想啓蒙運動，若從戊戌算起，到今年剛五十週年，是半世紀了。戊戌以來，中國思想的變化，實在是有史以來，第二次空前的巨變。這五十年間，對於傳統思想的態度，也有了幾度變化。啓蒙運動的領導者康、梁、譚諸君子所代表的一種態度是抨擊秦漢以後的傳統思想，而同時又要追溯到先秦時代，而繼承他們所認爲還未墮落的儒家的微言大義。其實，他們是按照着自己的理想的形態來裝扮一位託古改制的孔子以作爲他們所要進行的託古改制底號召。這態度是一面反抗中古以來的傳統，而另一面却要遠遠地紹述上古的傳統；這有幾分像歐洲的文藝復興，他們的路綫好像宗教革命的路德路綫。通俗點說，他們請出高祖的神主牌來打伯叔祖的屁股，這是舊時紳士們在鄉間宗祠裏所慣用的戰略。這種態度現在便宜上叫它做戊戌態度。到了一九一九年的「五四」，又有一種新態度出現。由於辛亥革命之後，中國掛起了民國的招牌而竟演成軍閥統治之局；又由於國際間從一次歐戰中出現一個嶄新的社會主義的國家，而另一個比較高度的民主國家美國又在戰後大露其頭角，這就刺激中國知識界的前進者體認了以前封建時代的意識形態早已百孔千瘡全不可用；他們固然不能滿意於清末的改良維新，也不滿意於一個掛名的民國，所以提出全盤改造的口號，要把統治了中國兩千多年的儒家思想徹底清算，高呼打倒孔家店，剷除吃人的禮教。這個態度是令戊戌諸君子也要吃驚的，現在便宜上叫它做五四態度。在消極方面，五四態度既然全盤反抗傳統思想，在積極方面，他們就勇敢地歡迎向非國產的德先生和賽先生，爲得要憑這兩位先生來打倒偶像，推翻專制，剷除迷信，肅清武斷。五四態度誠然是氣燄萬丈，高高地凌駕乎戊戌態度之上，可是由於社會基礎太落後，德先生在知識分子的口中竟成了秀才造反，而賽先生也因爲找不到社會的根基而只能做點文章革命和國故整理。然而不容我們忘記的是：和戊戌約略同時還有一股力量正是國父中山先生所領導的革命運動。中山先生却沒有多大興趣於怎樣對付傳統思想，他老人家只針對着現實去進行革命實踐，積了四十年艱苦的革命實踐的經驗，提出一套三民主義和行易知難的學說，令一般庸俗者看來竟分辨不出這到底是國產還是舶來品。依照行易知難，則眞理只能從堅決的革命實踐中發展出來，從而就揚棄了一切甚麼土傳統甚至於洋傳統。依照三民主義，要融匯十六世紀的宗教革命，十九世紀的民主革命和二十世紀的社會革命爲一個處方而對正中國的現實病症進行治療，這固然不是中國的古方，而也不是舶來的驗方，這裏的眞理只能在誠懇的革命實踐中去體驗，去形成。中山先生所領導的正合被稱爲革命實踐的態度。民國十三年這一面革命的大纛一旦高舉起來，那班正在彷徨無路的五四秀才們，便不管他們是否領會得，也大多數不約而同地站歸這面大纛之下。可惜無何而導師殂落，秀才們雖也曾一鼓作氣實踐了一下，而曾幾何時，他們摸索地旋轉着竟又轉進牛角尖裏去了。十三年以後，雖只得一個短期的革命實踐，也不能說是毫無收穫。由於這一短期的實踐，就輸入了唯物辯證法用來研究古代社會史和思想史，這就比較五四當年那些借用實驗主義給漢學輸血的中西合璧的國故整理却得到很大的進步。最近二十年，一班前進的觀念工作者雖不得不脫離了革命事業的實踐而委身於中國古代社會史的研究，總算有了收穫。他們所得的各種判斷，眞確到甚麼程度，固然不是門外漢所能論列，然而他們對付傳統思想的態度是進步的，是正確的。他們把古代思想只作爲某時代社會生活的反映而去探索它，不因有所偏愛而是非於其間，不以古人名詞術語附會於現代科學，不以形式的類似的比擬西洋學說，從而誇大固有文化，這個態度是遠勝於戊戌和五四。這個態度姑且稱爲史學研究的態度。傳統思想在他們眼中，好比古生物學者手中的一塊古動物骨片，是珍貴的材料，可是只憑它去推想古生物的形狀發生，生活及演變或滅亡的狀況和條件，並不是要把那骨片刻圖章，做扇墜，或作護身符，或作傳家寶。他們只承認傳統思想有歷史研究的價値，而不認信它是古訓或教條或什麽微言大義，而把它來欣賞，來皈依。作爲觀念工作者的態度，這是正確的，雖然將來的收穫也還有待於今後革命實踐的刺激。此外，緊隨着五四之後，還有一股支流，就是：在整理國故，比較中西文化當中，忽而強調固有文化產出一種要復歸於古代優良傳統的傾向。第一次歐戰之後，歐洲資本主義社會的弱點暴露得厲害，另一面蘇聯十月革命成功，革命巨浪撼動了歐洲，布爾喬亞的學者感到一種行將沒落的悲哀，一面旣無法掩飾資本主義社會的弊端百出，又一面又決沒有勇氣接受科學的社會主義，在這進退維谷畏首畏尾的當兒，忽而想乞靈於他們所謂東方的中國古典思想，要把這個暫作安眠劑以鎭靜他們神經的戰慄，因而孔子老子的學說一時被傳誦起來。恰好那時候，羅素來到中國，他又給了五四的秀才們以不少的暗示。據羅素看，歐洲社會的弊端是由於人們的占有衝動和權力的衝動太強了，而創造的衝動敵不過它們倆。好像人們的天性裏有三個小鬼，一個名叫占有，一叫鬥爭，又一個叫創造，占有和鬥爭兩個聯盟起來壓迫着創造，使它轉不了筋，因而歐洲的社會大亂。於是乎梁任公就提出孔老兩位大師的「爲而不有」和「知不可而爲」，這樣的創造精神，服務精神，就令西洋大師不得不驚歎佩服了。其實，杜威和羅素兩位大師在他們的哲學本身裏都有着他們所不可克服的疑難問題，而這些難題在中國傳統思想裏都還未十分接觸到，因而便覺得沒有問題，我們把他們的極大難題看作不成問題的問題，便令苦悶着的他們驚歎不已，而我們的秀才們亦就得到阿Q飄飄然的優越感了。這樣把中國的前資本主義的意識形態誇大起來，而自己欣賞固有精神文化的秀才作風，在戊戌時代也早有過——例如康有爲的大同書——不過到了五四之後，再作一步掙扎，其理論的形式和所用的術語雖更爲摩登，而其實精神裏面更是退嬰的，自我陶醉的，只能稱爲戊戌態度到了五四後的衰老的形態罷了。不料近十多年來這論調竟和「法東施」論調混合而形成一股逆流。

戊戌態度在啓蒙初期，曾有一番他們的勞績，封建社會裏士大夫們的維新改良亦有其歷史的任務，可是那任務早完成了，過去了。現在若再要勉強給他們招魂回來，就會變成反動的惡魔。思想決不是人們腦子裏或什麼先驗理性的不可思議的奇蹟，而是現實生活的反映；那末傳統思想就不外是古代社會生活的現實的反映。先民們的思想，不管是反映現實也罷，或仰慕遠景也罷，都離不開他們所處的那個時代環境。在一個長久停滯而迄未超出封建社會的中國，那能有可以指導現代社會轉變的神奇思想呢？戊戌諸君子之抨擊秦漢以後的傳統而推崇先秦，好比文藝復興時代人文主義者之鄙棄中世而遙尊希臘，也有其歷史的社會的原因。西周社會到了春秋時代，自天子而諸侯而世卿一層一層倒下來，即是說：宗法的領主經濟崩潰，而地主經濟勃興，從而建築於舊經濟基礎之上的禮教、制度、思想都動搖混亂。另一方面，伴隨着地主經濟的出現，農業及手工業的技術雖得到相當進步，商業雖得到相當發展，而羣雄割據，戰爭無已，大多數民衆生活的水深火熱還是有加無已。舊環境已破，而新環境則殊不可樂觀，因亦刺激着諸子百家底思想燦爛地出現。秦漢以後，朝代雖屢易，而始終是地主經濟之上建立着大一統專制王朝的官僚政治；而統治者的一貫的統治術又是：欺天下則用儒術，麻醉則用黃老，宰制則用申韓；二千多年社會的停滯，因而思想亦愈加教條化，八股化，自然比不上先秦。然而不管先秦的傳統也罷，秦漢以後的傳統也罷，一樣地是封建社會的意識形態，一樣地是替那些統治的剝削階級想的辦法。現在中國所處的變局是牽連着全世界人類而不得不轉變之局，若要從中國原有的傳統裏找出什麼法寶可以指導現代中國革命的，豈不是夢想！五四態度把傳統思想加以無保留的抨擊，是正確的。要把它擊倒了，剝去了它教條的仙衣，消卻它古典的香澤，纔能把它當作考古的材料而還它本來面目。也只有憑着革命的實踐，纔能堅決地把它揚棄，縱令還有些少碎屑可以應用的話，也只能在被揚棄之後纔可以成爲牛溲馬勃敗鼓之皮。二十年來新興的研究古史底態度是對的，在傳統思想被革命揚棄之後，纔把古典文獻作爲考古的資料之一種，然而也只是歷史專家所應有態度罷了。至於史學專家以外的人們，處革命工作百廢待舉的今日，正應運用嶄新的科學原理和方法來指導實踐，那裏有閒情逸致去摩娑古典，更那裏有餘暇去古典的廢墟之上妄想披沙揀金呢？從來統治的剝削階級的意識形態所給與社會存在的反作用，總是保守的，反動的，阻止歷史發展進程的。我們中國人生活於二千多年長久停滯的封建社會，所養成的傳統思想，正是這種阻止歷史發展進程的力量。『千百萬大衆底習慣底力量是一種可怕的力量。正是這種力量被資產階級積極地有意識地利用去進攻勞工政權。』那末，克服羣衆幾千年來生活惰力，克服各種成見和落後的傳統思想，這正是擺在今天中國革命面前的最大的歷史任務。假如妄想乞靈於傳統，正是和向敵人乞援一樣的愚蠢。人民大衆自覺性之產生，是在人民跟一切敵對的意識形態的鬥爭中產生出來的；假如沒有這鬥爭，所有這些敵對的意識形態就會把人民大衆的智慧箝制起來，而勿使進步。中山先生提出的行易知難的大道理就在乎此。改造中國社會的眞理論只能在喚起民衆使他們堅決地進行革命實踐中產出來。近年有一些黨八股手故意從三民主義演講記錄中斷章取義地截取三兩句國父偶爾引用的古典來大做其制藝，這是厚誣國父，不待深論。其實當年國父演講時，聽衆中有的是新收編的舊軍人乃至於綠林豪傑，爲要使他們容易聽得進去，一時興到，就借用三兩句通俗古典，這是說教大師所慣用的技倆。好比對着一班新參的俗人講道，只好遷就點提示些小乘，當時演講的一番苦心，只要是有多少讀書經驗的人都看得出來的。儘管八股手用盡心機歪曲附會，也瞞不了明眼人。

來了，要說到教育的立場。從理論說，教育須指導青年做「批判的反傳統」底工作。爲甚麼不說批判的接受呢？正因爲提到接受會弊端百出，尤其是在傳統中毒已深的中國，好比鴉片鬼每聽見人說鴉片可作藥用，他立刻想開燈吸個痛快。而從歷史的事實說，學校教育自身一向是傳統的俘虜，很少有勇氣敢教人反抗傳統。每逢新舊社會交代的時候，傳統早已失靈，新思想成長起來，壯大起來，而學校還是門禁森嚴，不許春風吹到的。一種思潮者得到學校公開接受底時候，大概它又快成爲傳統了。歷史的事實是如此。這就因爲學校從來是統治者的工具，所以在革命時期，人們要接納反傳統的思想，只能在學校之外大時代的社會實踐中學習。可是現代畢竟跟以前不同了，誰也不得不承認今天是人民的世紀。學校假如還故步自封，那就是不啻自絕於人民大衆。如果學生不甘永遠做統治的剝削者的玩具，就應毅然決然站在人民這一邊。要大膽教人們反傳統，纔是眞教育，生長的教育。好在少年男女是天眞的反傳統的，他們入世未深，習染尙淺，用新生的眼光，便容易看出傳統的破綻，所以用這一點天眞作施教的根基，便可能引導他們加入行將長成的新社會。這一步的教育工作可以叫做反傳統的社會化，個人由此得到生長，社會也由此得到進步。少年們的一點天眞，也只能算是教育加工的根基，若接受不到儘有生長性的教育，也決不是天然保險的。天眞還不免是血氣之勇，虛憍之氣，若得不到良好的培育，他們的生活進行曲便會是靑年期前進，壯年期動搖，中年期無條件投降。這類人物比比皆是，個人與社會都吃大虧。教育必須引導他們在革命的社會實踐中，接受科學的洗禮，發展正確的認識，纔能得到穩健的生長。我所提出的「批判的反傳統」就指此。

中國哲學的「主流」與「逆轉」

——評馮著「新原道」——

紀玄冰

馮友蘭先生自稱其「新原道」一書，『非惟爲「新理學」之羽翼，亦擬作「中國哲學史」之補編也。』（「自序」）但是，在我們看來：說「新原道」是「新理學」的羽翼，固是事實；說「新原道」是「中國哲學史」的補編，則非事實。

我們這樣看法，或許有人不能同意。因爲從字面來看，「新原道」一書，除冠首的「緒論」而外，本論十章，從孔孟起論，中經楊墨、名家、「老」莊、「易」「庸」、漢儒、玄學、禪宗、道學，而以「新理學」的「新統」爲全書之殿；似乎是『依歷史的順序，敍述中國哲學史中各重要學派的學說』（緒論）的哲學史一類著作。然而，我們如透過了字面，更深一層來看，馬上就可以知道：「新原道」和「中國哲學史」根本上不是同類的著作。

馮先生的「中國哲學史」，雖然也是實在論學派的著作，因而在評定價值及敍述詳略上，自然也不免有其門戶的偏尙（例如：六朝哲學中不見范縝，唐代哲學中不見呂才、柳宗元、劉禹錫，宋代哲學中不見永嘉學派，淸代哲學中不見王船山等等）；但大體上還保持着哲學史家應有的客觀精神。至於「新原道」，從著作的動機到著作的內容，根本就是要從中國哲學史中尋求「超以象外」的玄學傳統，替「新理學」系統發現其先行的思想源泉，而確定其繼往開來的歷史地位。這一點，馮先生是公開承認的。例如他說：

此書（「新原道」）之作，蓋欲述中國哲學主流之進展，批評其得失，以見「新理學」在中國哲學中之地位。所以先論舊學，後標新統。異同之故明，斯繼開之迹顯。庶幾世人可知新理學之稱爲新，非徒然也。……書凡十章，新統居一，……蓋學問之道，各眞所見。當仁不讓，理固然也。（自序）

在中國哲學中，……並不是每一家所講底都能合乎「極高明而道中庸」的標準。……不過在中國哲學史的演變中，始終有勢力底各家哲學，都求解決如何統一高明與中庸的問題。對於這個問題底解決，可以說是「後來居上」。我們於此可見中國哲學的進步。我們於以下十章，依歷史的順序，敍述中國哲學史中各重要學派的學說，并以「極高明而道中庸」的標準爲標準，以評定各重要學派的價値。（頁三至四）

這是非常明白的：馮先生在「新原道」中，并不是講中國哲學史，并不是中國哲學上有什麼就講什麼，而是只講中國哲學演變中的「主流」，祇講「始終有勢力底哲學各家」；而且，此所謂「主流」又是「以極高明而道中庸的標準爲標準」，而評定其爲「重要學派的學說」的進展之迹。反之，凡不合乎「極高明而道中庸」的標準的學派，就不但對之可以批評，而且對之也可以默殺。

在批評與默殺的手法之下，中國哲學史就被歪曲成一部玄學史；而新理學也就成了『并不是我們的偶然底私見，而是眞正接着中國哲學的傳統講底。并以見我們所謂中國哲學的精神，眞是中國哲學的精神。』（頁六）這樣一來，新理學自然就成了中國玄學思想的集大成的合法系統。所以他說：

中國哲學的精神的進展，在漢朝受了逆轉，經過了三四百年，到玄學始入了正路。中國哲學的精神的進展，在淸朝又受了逆轉，又經過二三百年，到現在始又入了正路。……在西洋，近五十年來，邏輯學有極大底進步。但西洋的哲學家，很少能利用新邏輯學的進步，以建立新底形上學。……新底形上學，須是對於實際無所肯定底，須是對於實際，雖說了些話，而實是沒有積極地說什麼底。不過在西洋哲學史裏，沒有這一種底形上學的傳統。……在中國哲學史中，先秦的道家，魏晉的玄學，唐代的禪宗，恰好造成了這一種傳統。新理學就是受這一種傳統的啓示，利用現代新邏輯學對於形上學底批評，以成立一個完全「不着實際」底形上學。但新理學又是「接着」宋明道學中底理學講底。所以於它的應用方面，它同於儒家的「道中庸」。它說理有同於名家所謂「指」。它爲中國哲學中所謂有名，找到了適當底地位。它說氣有似於道家所謂道。它爲中國哲學中所謂無名，找到了適當地位。它說了些雖說而沒有積極地說什麼底「廢話」，有似於道家、玄學及禪宗。所以它於「極高明」方面，超過先秦儒家及宋明道學。它是接着中國哲學的各方面的最好的傳統，而又經過現代的新邏輯學對於形上學的批評，以成立的形上學。它不着實際，可以說是「空」底。但其空只是其形上學的內容空，並不是其形上學以爲人生或世界是空底。所以其空又與道學、玄學、禪宗的「空」不同。它雖是接着宋明道學底理學講底，但它是一個全新底形上學。至少說，它爲講形上學底人，開了一個全新的路。（頁一一三至一一四）

這裏的「道轉」與「正路」之說，包括着許多嚴重的問題。但是，關於此點，下文將要論及。現在我們只說：它與宋儒所說的「道統之傳」本質上是一類的思想。明白了馮先生這一自信，則「自序」中所引孔子『文王既沒，文不在茲乎？』孟子『聖人復起，必從吾言。』老子『知我者希，則我者貴。』云云，便可以知其意之所存。

在西洋，黑格爾會將哲學史看成一部絕對理念的發展史，而以自己的哲學系統爲哲學史發展的結論。與此相仿，馮先生也將中國哲學史看成一部玄學精神的進展史，而以自已的新理學系統爲中國哲學史發展的內部靈魂。

但是，當作全「新底形上學」的新理學雖然是「不着實際底」，而當作「歷史」的中國哲學史則是「着實際底」；所以，爲了使本來「着實際」者變成爲「不着實際」，就需要從所謂『凡哲學都是失人情底』（頁三七）出發，推翻「一般人」的中國哲學史「常識」，而「專決」於「近年以來，對於舊學」的「時有新解」。就「新原道」所「傳之當世」者來看，這些「新解」，大體上就是將「一般人的常識」上所認爲是哲學者解爲非哲學，將「一般人的常識」上所認爲中國哲學史中的「重要學派」解爲「不關重要，或根本一字不提」，將「正路」解爲「逆轉」，將中古黑暗的支配哲學解爲「中國哲學的精神」或「主流」等等。從這裏，『庶幾世人可知新理學之稱爲新，非徒然也。』

但是，爲了替新理學發見「中國哲學的各方面的最好底傳統」，在哲學史的起點上，馮先生首先就碰着了一個難題。「孔子是中國哲學的開山」，這不但是「一般人的常識」，而且也是馮先生的「中國哲學史」上所曾經一再肯定的事實。但孔子卻很難說是有「超以象外」的思想的哲學家。如果否認孔子的學派是「始終有勢力底」「重要學派」，則更不容易。馮先生爲了解決這個難題，似乎頗費了些苦心。其着手的第一步，是自違其例：不「依歷史的順序」講孔墨，而以孔孟爲一派學說，列入開宗明義的第一章。這樣一來，中國第一個學派的儒家哲學，由於孟子的烘托，孔子本人也就顯得中庸與高明雙行并顧，將中國哲學的起點，化裝成玄學的開始。但是，在「一般人的常識」上，最少不免發生左列兩個疑問：

（一）「依歷史的順序」講，孔墨時代相接，楊朱亦先於孟子；何以從孔孟起論而以楊朱繼其後？如果說孔孟皆是先秦的儒家，言孔不能不同時言孟；則荀子亦先秦的儒家大師，與孟子相較，有類於亞里士多德之與柏拉圖（此說亦自馮先生發出，見所著「中國哲學史」），何以言孔孟而不及於荀子？這樣的筆法，是否曲解中國哲學史的實際發展，以求合於「極高明而道中庸的標準」？

(二)作爲中國哲學開山的孔子，誠然是「道中庸」的，但是說他「道中庸」而不遺「高明」，總不免過於勉強。馮先生在「論語」四百九十二章中，提出了「吾十有五而志於學」一章，逐句加以新解，藉以證明孔子不只是「道德境界」，而是『有似於天地境界』(頁一三至一五)。但是，「志於學」雖可解爲「有志於學道」，而「論語」中「道」字凡七十七見，皆無「超以象外」的形上學意義，「三十而立」雖可解爲能「循禮而行」，而「禮」字也是「道德境界」中物；「四十而不惑」雖可解爲「不惑底智者」「對於仁義禮底了解」，而馮先生已明言其爲「道德境界」；「五十而知天命」誠然是知道「上帝的命令」；「六十而耳順」誠然是「而已順天命」；但是，不論是「知上帝的命令」或「順上帝的命令」，都是宗教範圍中事。根據馮先生對於漢儒的評價，則孔子簡直就不算是哲學家，頂多也只能是「道中庸而不極高明」的「大現實主義底」，「膚淺底」，「世間底」哲學家；或者說是「如走錯了路的人的快跑，越跑得快，越錯得很」的哲學家。如果說「中國的哲學的精神的進展」上眞有馮先生所謂「逆轉」，則在中國哲學史的起點上，第一個出現的哲學家，恐怕也就不免於逆轉之愆。

孔子以後，「依歷史的順序」，到了楊墨，照馮先生看來，仍然不合「極高明而道中庸」的標準；一直到了惠施、公孫龍的名家哲學，才算『最先眞正講到超乎形象的哲學』(頁二九)。馮先生對於名家哲學，大施其恭維(頁二八至三六)。在這種恭維中，提到西洋哲學史上所謂唯名論與實在論之爭，而以唯名論與公孫龍所持的觀點，對立起來(頁三七)。這一點特別耐人尋味。但是，名家這種「超以形象」的哲學，究竟從何而來？不能不說是前無古人。

爲了使中國哲學的「主流」更向前「進展」，馮先生對於惠施、公孫龍也附加了批評：『不過我們可以說，他們尙未能充分利用他們的對於超乎形象者的知識，以得到一種生活』（頁三五）。於是，「中國哲學主流」，便「進展」到了道家：

道家是反對名家底。但他們反對名家，是超過名家，並不是與名家立在同一層次而反對之。「墨經」與荀子反對名家，是與名家立於同一層次而反對之。（頁三五至三六）

在這裏，「墨經」與荀子的哲學，雖然僥倖免於「逆轉」，但是，這樣輕輕一筆帶過，自然就不算是「重要學派的學說」。至於韓非，雖然是對於先秦的名辨思想，從法家觀點集了大成的人，雖然是將形式邏輯矛盾律光輝的運用於實際的人，但是，也正因爲他不能「超以象外」，所以，在「新原道」中，也就沒有了他的名字。這比較着馮先生在「中國哲學史」中，爲韓非特闢專章的作法，自然大有不同。因爲，「新原道」不是哲學史，**它**是要講哲學。『但講哲學則非如此不足以達到玄之又玄的標準』。（頁三六）

關於道家，馮先生所特別用力說明的，似乎在於「老」莊，尤其莊子的知識方法論。我們知道，道家的知識方法論，不在於求知而在於去知，以蒙昧主義的無知爲無所不知，在相對主義的詭辯論中，讚美愚人嬰兒以及原始社會中的一切原始境界。但是，這在馮先生的「新解」中，都變成了「最高知識」及「最高境界」。所以他說：

道家求最高知識及最高境界的方法是去知。去知的結果是無知。但是這種無知，是經過知得來底，並不是未有知以前的原始底無知。爲分別起見，我們稱這種無知爲後得底無知。有原始無知底人其境界是自然境界。有後得無知底人，其境界是天地境界。（頁四七）

馮先生以爲：道家用去知求與萬物渾然一體，所得到的是在知識上與萬物爲一，其結果仍有「方內」

「方外」之分，所以道家的天地境界，是以「兩行」爲基礎的。不過就「極高明而道中庸」的標準說，道家的哲學雖能「極高明」而不能「道中庸」，不能使高明與中庸成爲「一行」，而仍在「兩行」中保留着二者的對立，則是哲學的「可訐之處」（頁四九）。在這裏，馮先生說到了「易」「庸」。

據馮先生說：孔孟的哲學，雖道中庸而不能極高明，是其缺點。但是，孔孟（其實只是孟子）用集義的方法，求與萬物渾然一體，所得到的是在情感上與萬物爲一；在這裏，就不致有「方內」「方外」之分，很容易達到高明與中庸的統一。不過，要提高儒家哲學的高明，需要接受道家的影響。在中國哲學中，據馮先生說：『受道家的影響，使儒家的哲學，更進於高明底，是「易傳」及「中庸」的作者。』（頁五一）

道家只知無名是超於形象底，不知有名亦可以是超乎形象底。『名之所指，若是共相，則亦是超乎形象底』「易傳」及「中庸」的作者，知道此點，這是他們比道家進步的地方。但是，據馮先生看來，「易」「庸」的哲學，也仍有它的缺點。所以說：

「易傳」及「中庸」的作者，知有名亦可以是超乎形象底。但他們不知，若對超乎形象底，有完全底講法，則必亦（疑爲「亦必」之誤）須講到無名，超乎形象不必是無名。但有名決不是以盡超乎形象底。由此我們可以說：「易傳」及「中庸」的哲學，十分合乎「道中庸」的標準。但尚不十分合乎「極高明」的標準。由此哲學所得到底生活，還是不能十分「經虛涉曠」。（頁六五）

中國哲學的「主流」，進展到「易」「庸」，到了漢代，不幸受了「逆轉」。這一「逆轉」，據馮先生說：是因爲漢人的著作，『其中所表現底思想，都不能超於象外。』（頁六六）在敍述漢儒的時候，馮先生舉出了「淮南鴻烈」與董仲舒。斷定漢代的思想家無論『自以爲是道家，或是儒家，他們的觀點，都是陰陽家的觀點。他們的精神，都是陰陽家的精神。』（頁六八）所以『嚴格地說，漢代只有宗教、科學，沒有純粹底哲學』（頁六八）。在這里，馮先生又對於科學、哲學和宗教，作出了區別。例如他說：

科學能增進人的知識，但不能提高人的境界。哲學能提高人的境界，但不能增進人的知識。……這種分別，就是科學與哲學底分別。……純粹底哲學中的主要觀念及命題，都是形式底，對於實際，無所肯定。宗教及科學中底主要觀念及命題，則是積極底，對於實際、有所肯定。（頁六七至六八）

在這一點，我們可以看出，宗教與哲學的不同。宗教家用想，哲學家用思。宗教是想像的產品，哲學家是思的產品。宗教的思想，近乎常人的思想。而哲學的思想，反乎常人的思想。……常人的思想，大概都是圖畫式底。嚴格底說，他們是只能想而不能思。他們……所想像底神、帝等，所有的性質，大部分是從人所有的性質類推而來。例如人有知識，許多宗教以爲上帝亦有知識，不過其知是全知。人有能力，許多宗教以爲上帝亦有能力，不過其能是全能。人有意志，許多宗教以爲上帝亦有意志，不過其意志是全善。他們所想像底天堂的情形，亦是從我們的這個世界的情形類推而來。這個世界及其中事物都是完全底。在這個世界中，有苦有樂，在天堂中則只有樂，天堂是所謂極樂世界。他們所想像底世界發生的程序，亦是從實際世界中工人製造物品的程序，類推而來。神或上帝如一工人，實際底世界如其所製造底製造品。諸如此類，總而言之，所謂上帝者，不過人的人格底無限放大。所謂天堂者，不過是這個世界的理想化。這都是以人的觀點，用圖畫式底思想，以想像那個什麽所得底結果。（頁七三至七四）

在我們看來，說宗教世界從現實世界類推而來，這是一般的說法，自然沒有問題。但是，馮先生以宗教與科學爲同類，我們却不能同意。因爲每人都知道，科學是宗教時代的異端，它是戰勝了宗教的迫害，作爲宗教的否定而成了獨立的學問。誠然，『宗教及科學中的主要觀念及命題，則是積極底，對於實際，有所肯定』。但是，我們不能忘記，宗教是對於世界的顚倒認識，科學是對於世界的正確認識，它們在知識屬性上，有眞理與謬誤的差別，不能混爲一談。如果說，在古代社會中，原始的宗教，與原始的科學，往往混而不分（頁六八），所以屬於同類；則原始底科學，與原始底哲學，在中代社會中，亦何嘗不是往往混而不分？馮先生何以能指出科學與哲學的分別？

其次，在我們看來，所謂「境界」，應該是人類在客觀世界規定中所有的主觀狀態。例如：一般所說是支配世界的自由的主人，或是被世界所支配的盲目的奴隸等等。但是，境界的高低，無疑問的是被其知識的多少或眞僞所決定。所以培根曾說：要想征服它須先服從它。又說：知識就是權力，能知者就是能行者。依此，則馮先生所說：『科學能增進人的知識，但不能提高人的境界。哲學能提高人的境界，但不能增進人的知識』云云的說法，在我們看來，實在是不能理解的。

最後，漢代確乎是中國哲學的一個「逆轉」。但是，這裏的「逆轉」，並不是因爲漢人富於科學思想，而是因爲漢人的科學思想還不够發達，它還不能衝破宗教的支配，因而，也就不能建立起以科學爲基礎的哲學的宇宙觀。不過，這只是就大體而言，如果詳細的說來，漢人的思想也並不是毫無成就。所以，馮先生所說：『漢代的思想家，無論他們自以爲道家，或是儒家，他們的觀點，都是陰陽家的觀點，他們的精神，都是陰陽家的精神』云云的說法，在實際上也不能成立。因爲，像王充這樣的思想家，就自以爲是道家而同時又是陰陽家的批評者。王充的思想，在馮先生看來，因爲不能「超以象外」，所以可以一字不提；但是，一般的哲學史家，甚至連馮先生的「中國哲學史」，却也沒有抹煞王充的地位。

馮先生以爲『不離日用常行內，直到先天未畫前』，這是中國哲學的成就（頁七五）。這成就在漢代受了「逆轉」，到了魏晉時代，却有了顯著的進展。所以說：

魏晉人對於超乎形象底始更有清楚的認識。也可說，他們對於超乎形象底有比「老」、「莊」及「易傳」、「中庸」的作者更清楚地底認識。（頁七六）

馮先生這裏所說，主要是指向秀、郭象、王弼、僧肇等人的思想而言。至於楊泉的「物理論」，則不在「主流」之內，只好付之例外。這些人的「玄學」，雖然是「很好」的「新的形上學」的傳統，但馮先生以爲仍有缺點：

玄學家極欲統一高明與中庸的對立。但照他們所講的，高明與中庸，還是兩行，不是一行。對於他們所講底，還需要再下一轉語。禪宗的使命，就是再下此一轉語。（頁八八）

但禪宗也仍有缺點：

禪宗更進一步，統一了高明與中庸的對立。但如果擔水砍柴，就是妙道，何以修道的人，仍須出家？何以「事父事君」不是妙道？這又須下一轉語。宋明道學的使命，就在再下這一轉語。（頁九七）

馮先生所說的道學，是指程伊川與朱子的系統以及程明道、陸象山和王陽明的系統而言。至於葉水心所代表的永嘉學派的系統，雖然實質上是中國式的唯名論思想，因爲不能「超以象外」，所以也就不在可觀之列。但是，宋明道學在馮先生看來，也有缺點：

宋明道學，沒有直接受過名家的洗禮，所以他們所講的，不免著於迹象。……周濂溪的太極圖，邵康節的先天易，出於道教，是很明顯底。張橫渠的關於氣底說法，似亦是起源於道教。……程朱所說底氣，雖比橫渠所說底氣，比較不著形象，然仍是在形象之內底。他們所謂理，應該是抽象底，但他們對於抽象，似乎尚沒有完全底了解。例如朱子說：『陰陽五行之不失其序，便是理』。這是以秩序爲理，秩序雖亦爲可稱爲理，但抽象的理並不是具體事物間底秩序，而是秩序之所以爲秩序者，或某種秩序之所以爲某種秩序者。……心學一派，受禪宗的影響多。心學雖受禪宗的影響，但……他們所講底，還有一點著於形象。陽明尤其是如此。由此我們可以說，宋明道學家的哲學，尚有禪宗所謂「拖泥帶水」的毛病。因此，由他們的哲學所得到底人生，尚不能完全地「經虛涉曠」。他們已統一了高明與中庸的對立。但他們所統一的高明，尚不是極高明。（頁一一二）

據此可知，馮先生對於宋明道學所修正的部分，都是道學思想中的科學思想；所提倡的都是玄學的思想。明末清初之際，是中國的文藝復興時代，是科學思想抬頭，並對於玄學進行批評的時代。這樣的時代，在我們看來，是中國思想的進步時代，同時也是中國哲學脫離玄學的科學化的起點。但是，馮先生則以爲是『中國哲學的精神的進展，在清朝又受了逆轉』所以他說：

清朝人很似漢人，他們也不喜作抽象底思想。也只想而不思。他們喜歡「漢學」，並不是偶然底。中國哲學的精神的發展，在漢朝受了一次逆轉，在清朝又受了一次逆轉。清朝人的思想，限於對道學作批評，或修正。他們的修正，都是使道學更不近於高明。他們的批評，是說道學過於玄虛。我們對於道學的批評，則是說它還不够玄虛。（頁一一二至一一三）

說中國哲學的精神的進展，在漢朝受了一次「逆轉」，我們是可以同意的，其理由已如前述。但是，說「在清朝又受了一次逆轉」，則無論如何我們決不能同意。清儒誠然「喜歡漢學」，但他們也復興了先秦的子學，并且與子學復興同時，也復活了先秦諸子的子學精神，例如清儒的批評精神，創造精神，及其對於科學的興趣，幾乎是史無前例的發達。再就清儒喜歡「漢學」來看，論其動機，則漢学是宋學的對立物，而宋學是清室欽定的正宗，據漢學以反宋學，正是因爲反宋學卽所以反清室；論其內容，則漢學的實事求是，亦恰爲宋學末流空疏的對症良藥。所以，在清儒據漢學以反宋學的思想鬥爭中，恰爲「是」與「當爲」的統一體。在這裏，說中國哲學中的玄學傳統，在淸代受了打擊，尙爲事實；說中國哲學的精神的進展，在清朝受了「逆轉」，則顯然不是事實。

但我們對於清儒，也仍有所不滿，這就是他們由於時代的限制，都不免受經學的支配。在經學的支配下面，所有他們自己的思想，都採取了疏證儒家經典的箋註主義的卑屈態度。因而，他們雖然批評玄學，但對於玄學的打擊也就不能十分澈底。其實，不但清儒，連「五四」時代的中國思想家，雖然也曾高喊「打倒玄學鬼」，而這一次的「打」，也同樣未能眞的「打倒」。中國的哲學家，所以只能「打擊」玄學而未能「打倒」玄學，并不是因爲如馮先生在新原道中所說：『形上學是不能推翻底』（頁一一三），而是如馮先生在「中國哲學史」中所說：『中國實只有上古與中古哲學，而尙無近古哲學也。』（頁四九一）。正因爲中國尙無近代哲學，所以從來中國哲學家對於玄學所作的打擊都不是澈底的打擊；正因爲中國哲學家尙沒有完成對於玄學的澈底打擊，所以到現在，不但中國仍有玄學，而且仍有澈底的玄學。

此所謂「澈底的玄學」，就是馮先生的新理學。馮先生的新理學之所以爲「澈底的玄學」，不但因爲它一方面利用「近五十五年來」的西洋「現代新邏輯學」，一方面又接着中國哲學史中，『先秦的道家，魏晉的玄學，唐代的禪宗』，宋明的道學等各方面的最玄學的傳統，以完成一個「全新的形上學」系統，而且因爲它的系統，也的確是「玄之又玄」。關於此點，我們仍借用馮先生的原話來說明：

在新理學的形上學的系統中，有四個主要的觀念，就是理、氣、道體、及大全。這四個都是我們所謂形式底觀念。這四個觀念，個（都？）是沒有積極底內容的，是四個空底觀念。……有四組主要底命題。……都是形式命題。四個形式底觀念，就是從四組形式底命題出來底。……第一組主要命題是：凡事物都必是什麽事物，是什麽事物，都必是某種事物。有某事物，必有某種事物之所以爲某種事物者。……第二組命題是：事物必都存在。存在底事物必都能存在。能存在底事物必都有其所以能存在者。……第三組主要命題是：存在是一流行。凡存在都是事物的存在。事物的存在，是其氣實現某理或某某理的流行。實際的存在是無極實現太極的流行。總所有底流行，謂之道體。一切流行涵蘊底動。一切流行所涵蘊底動。謂之乾元。……第四組主要命題是：總一切底有，謂之大全。大全就是一切應（底？）有。（頁一一四至一一八）

關於馮先生的新理學的形上學系統，其本身的正誤問題，我們在這裏完全不想論及。不過，我們却應該說明：這樣的形上學，說在中國哲學史中有它的傳統，而馮先生又是接着這一傳統講的，固是事實。但是，這種傳統，如先秦的名家和道家，魏晉的玄學和唐代的禪宗，以及宋明的道學等等，如果說它們是「中國哲學的各方面的最好底傳統」，如果說它們是中國哲學的「主流」，則我們就不能同意。因爲這些傳統，從先秦至於現代，始終就未嘗得到儒家、墨家和法家的承認。馮先生自認其哲學史的觀點是「正統派」（「中國哲學史的」自序二），在本書（「新原道」）中，一二兩章以孔孟與楊墨對比，也誠然是正統派的筆法；但是，全書對於名家、道家、玄學和禪宗，均十分強調，則顯然是背棄了正統派排擊「二氏之學」的傳統。

我們說新理學所繼承的傳統，不是中國哲學的「主流」，是因爲這些傳統不是使中國哲學的進展現代化或科學化的動力，而是其障礙；它們在中國哲學史中所以成爲「始終有勢力」的學派，也是因爲『中國實只有上古與中古哲學，而尚無近古哲學』的緣故。因而馮先生把和這些傳統相反的學派，例如：漢代的道家，清代的儒家，都看作「中國哲學的精神的進展」的「逆轉」，我們就更不能同意。這是因爲：所謂「主流」與「逆轉」，不應該以新理學的要求而定，應該以中國哲學史的發展前途的要求而定。這就是說：在中國哲學「尚無近古哲學」的現階段上，凡能促進中國哲學現代化或科學化的傳統，才是「主流」；反之，凡阻礙中國哲學現代化或科學化的傳統，就是「逆轉」。這樣，中國哲學史中，的確有所謂「主流」與「逆轉」。不過，馮先生所說的「主流」，正是我們所說的「逆轉」；馮先生所說的「逆轉」，正是我們所說的「主流」。我們和馮先生這樣的是非相反，並不是故反其說以立論，而是爲了中國哲學的現代化或科學化要求，對於所謂「主流」與「逆轉」，不得不有一番正名工作。

先王崇拜與道統觀念的內部連繫

——其方法論、其歷史觀的剔抉和檢討——

紀玄冰

先秦諸子，大體都有「先王崇拜觀念」。此所謂大體都有，有兩層意思：第一層意思是說，諸子中也有沒有先王崇拜觀念者。第二層意思是說，除了少數的例外，先王崇拜觀念足以代表先秦諸子一般的思想路綫。

關於第一層，我們所指的是後期墨家和後期法家。例如：(一)「墨經」「經說下」云：『堯善治，自今在（察）諸古也；自古在（察）之今，則堯不能治也。』(二)「韓非子」「五蠹篇」云：『今有美堯舜湯武禹之道於當今之世者，必為新聖笑矣。……今欲以先王之政，治當世之民，皆守株之類也。』

關於第二層，我們所指的是儒墨道名等重要學派。例如：(一)在「論語」裏面，除「堯曰」而外，計有三十三章言及先王。論其人物，如堯舜禹稷湯文武周公，都是聖德仁智的代表；計其時代，如唐虞夏殷周，都是黃金世界的象徵。所以孔子明言「好古」，以「從周」自命。(二)在「墨子」裏面，崇拜先王的明文，不勝枚舉；「尚賢上」「中」「下」三篇，就重複歌頌先王達四十次。凡言「古之」「古者」，都是「兼君」「兼士」理想時代的同義語，而為墨子學說之所本，和他所嚴厲批判的「今之王公大人士君子」，成一尖銳的對照。(三)孟子所說：「先王之道」或「古者明君」，是其理想的「仁政」別名，而以當時的「世衰道微」是「聖王不作」的必然結局。(四)道家的莊子託言於「神農黃帝」，「老子」作者寄懷於「小國寡民」；都以先王之世為自己的烏托邦。(五)名家的公孫龍，在名實問題上說到了「古之明王」，也兩讚「至矣哉」。(六)荀子以綜合百家之學自命，且明言「法後王」，而實際上仍以「古者聖王」爲「禮義之化」的歷史起源；對於「不法先王，不是禮義」的立論方法，則當作「不可以爲綱紀」的「怪說」，加以呵斥。

總之，在先秦諸子的一般文獻上，所謂「先王」一詞，不但代表着政治的盛世，倫理的規範，而且也是思想的出發點，推理的大前提和衡量宇宙萬物的最高準繩。

關於先秦諸子的先王崇拜觀念，普通有兩種理解：

第一種理解，以爲這是復古主義。對於這種理解，我們以爲過分皮相。因爲先秦不是復古時代，諸子也不盡是復古思想家。

第二種理解，以爲這是託古改制。對於這種理解，我們以爲倒因爲果。因爲歷史不能在欺騙裏面前進，諸子的理論也不會建築在欺騙上面；既然將自己的「改制」主張託始於「古」，必然是相信「古而可好」。反之，如果「黃金時代在上古」不是深入人心的信念，則「托古」就成了毫無意義的妄舉。所以，我們認爲「託古改制」正是先王崇拜觀念的結果，而不是它的原因。

我們推敲先秦諸子崇拜先王的口氣和態度，知道他們確乎不是故弄玄虛，而是當時的一種畸型歷史觀。這種歷史觀的最大特徵，在於用「倒視法」將「往古」看成「未來」將「進化」歪曲成「退化」。它的歷史發展路綫，是以背前進的「狸貓倒上樹」步法，眼看着過去，背向着未來，用後退步法走着向前的道路；越和往古遠離越覺往古可愛，越和現實迫近越對現實不滿；越想拖現實復歸於往古，越將現實拖向於未來；在這裏，理想未來和復興往古混爲一體，實在是一種充滿着滑稽意味的歷史哲學。

這種歷史哲學，本質上是西周關於「天」的宗教觀念的分泌物。西周的天道觀之爲宗教信仰，在「周書」「周頌」和「周金」裏面，證據確鑿，不必煩引。在以繼周自命的儒家，更發展了這一信仰。

例如子思所作「洪範」（據郭沫若考證）裏面有云：

我聞在昔，鯀湮洪水，汩陳其五行，帝乃震怒，不畀洪範九疇，彝倫攸斁。鯀則殛死，禹乃嗣興，天乃錫禹洪範九疇，彝倫攸敘。

梁啓超對於這一段記載曾說：

有所說者，恰如「舊約」書中摩西在西奈山上受十戒於上帝；其爲宗教的，非爲歷史的，自無待言。雖然，此神話在國民思想上有絕大意味焉。蓋「人格神」與「自然法」一致之觀念從此確立。申言之，則宗教的「神」成爲哲學的「自然化」也。（「先秦政治思想史」中華書局「飲冰室專集」本頁二一）

此所謂「人格神與自然法一致之觀念」，正是先王崇拜觀念的母體；對於這種母體，注入一些理想化的成分，就產生上述的畸型歷史觀。

先秦諸子的先王崇拜觀念，以儒家最爲發達；而儒家的思想，對於後世的影響也最爲巨大。從漢武帝能黜百家，獨尊儒術以來，孔子的地位由「師」而進於「王」，整個中古時代的先王崇拜，就把孔子列入了至高無上的先王首座。

孔子的先王崇拜觀念，表現爲「述而不作」；中古的先王崇拜觀念，就變成了「經學態度」。此所謂經學態度，就是思想家不敢自由創造，自己的意見都託始於聖人之言；所有的著作都採取了說經的形式。例如：漢代的經今古文學之爭，宋代的理學心學之爭和永嘉永康兩派對於朱陸之爭，明清之際的道學與反道學之爭，清代的宋漢學之爭，清末的變法維新之爭等，對立的雙方儘管意見相反，而却都以孔孟之言爲自己立論的根據。這種對於聖經只敢解釋不敢研究，對於聖人只敢信仰不敢批評的態度，就是經學態度。這種態度，正是從孔子「述而不作」的先王崇拜觀念轉化而來。

孔子的「述而不作」，客觀上是「以述爲作」；因而，經學態度的疏證和箋注，客觀上也是「以述爲作」的另一形態。但是，這種態度，不但足以掩蔽思想的進步，而且足以妨礙思想的發展。例如馮友蘭說：

社會組織，由簡趨繁；學術由不明晰至於明晰。後人根據前人已有之經驗，故一切較之前人，皆能取精用宏。故歷史是進步的。即觀察中國哲學史，亦可見此例之不誣。……論者不察，見孔子講堯、舜，董仲舒、朱熹、王陽明講孔子，戴東原、康有爲仍講孔子，遂覺古人有一切，而今人一切無有。但實際上，董仲舒只是董仲舒，王陽明只是王陽明。若知董仲舒之「春秋繁露」只是董仲舒之哲學；若知王陽明之「文學問」只是王陽明之哲學，則中國哲學之進步，便顯然矣。社會組織之由簡趨繁，學術之由不明晰進於明晰，乃是實然的，並且當然的，凡當然者，可以有然有不然，實然者則不能有然有不然也。

或者以爲董仲舒、王陽明等所說，在以前儒家書中，已有其端，董仲舒王陽明不過發揮引申，何能爲其自己之哲學？有何新貢獻之可言？不過即使承認這二哲學家眞不過發揮引申，吾人亦不能輕視發揮引申。發揮引申即是進步。小兒長成大人，大人亦不過發揮引申小兒所已潛具之官能而已。鷄卵變成鷄，鷄亦不過發揮引申鷄卵中所已有之官能而已。然豈可因此即謂小兒即是大人，鷄卵即是鷄？用亞力士多德的名辭說，潛能與現實大有區別。由潛能到現實便是進步。欲看中國哲學進步之跡，我們第一須將各時代之材料歸之於各時代，以某人之說話歸之於某人。如此則各哲學家之哲學眞面目可見，而中國哲學之進步亦顯然矣。（「中國哲學史」頁二三至二四）

右引馮氏所說，意在辨明經學進步的實然性，頗可同意。但是，關於經學進步的限界性，亦即經學態度對於思想發展的障礙作用，或其桎梏性問題，則不但絕未涉及，而且也似乎幷不存在。實際上，在經學態度的約束下面，後人對於前人，只能「發揮引申」而不能「批判揚棄」。所謂「不能輕視發揮引申」，也只在思想發展的分量變化階段爲然；一旦思想發展從分量變化達到了性質變化，則「發揮引申」就不但應該「輕視」，而且也應該「放棄」。反之，如果在思想發展的性質變化階段，而仍不放棄「發揮引申」，就必然弄成一種奇形怪狀的牽強附會。例如淸末的康有爲，用民主立憲理論講孔子，嚴幾道用物種進化思想注「老子」，皆是明證。

馮氏本人，不能感到經學態度的桎梏性，是因爲他亦是經學家。例如「新理學」，就不過是對於程朱理學的「發揮引申」。馮氏所以能悠然自得的走經學家的路，是因爲他對於思想的發展，只承認分量變化而不承認性質變化。關於此點，在「新理學」中有明文可證，恕不具引。最顯著者，如上面所引『發揮引申卽是進步，小兒長成大人，大人亦不過發揮引中小兒所已潛具之官能而已。雞卵變成雞，雞亦不過發揮引申雞卵中所已有之官能而已。……用亞力士多德的名辭說，潛能與現實大有區別。由潛能到現實便是進步』云云，亦正是此種觀點。不過，我們應該指出，馮氏以爲，在舊事物中已經潛具着新事物的官能，將此潛具官能加以「發揮引申」卽長成新事物，完全是基因論的錯誤。基因論之所以錯誤，在於它以「發揮引申」代替了「批判揚棄」，以分量變化抹煞了性質變化；而基因論觀點，則是先王崇拜和經學態度所共同的方法論。

從基因論出發，先王崇拜和經學態度都是合理的思想路綫。尤其重要的是：先王崇拜觀念的邏輯前提，在於依基因論而肯定先王之道爲萬世新思想的「潛能」，在這裏，所謂「發揮引申」就成了「道統之傳」的形而上學基礎。所以不論在古代的先王崇拜或中古的經學態度中，都流行着「道統」傳授的思想史理論。例如：

(一)「論語」「子罕篇」云：『子畏於匡。曰：文王既沒，文不在茲乎？天之將喪斯文也，後死者，不得與於斯文也；天之未喪斯文也，匡人其如予何？』

(二)「孟子」「盡心篇下」云：『由堯舜至於湯，五百有餘歲；若禹皋陶則見而知之，若湯則聞而知之。由湯至於文王，五百有餘歲；若伊尹萊朱則見而知之，若文王則聞而知之。由文王至於孔子，五百有餘歲；若太公望散宜生則見而知之，若孔子則聞而知之。由孔子而來，至於今百有餘歲；去聖人之世，若此其未遠也，近聖人之居，若此其甚也，然而無有乎爾，則亦無有乎爾！』

(三)韓愈「原道」云：『堯以是傳之舜，舜以是傳之禹，禹以是傳之湯，湯以是傳之文武周公，文武周公以是傳之孔子，孔子傳之孟軻，軻之死不得其傳焉。』「與孟尚書書」又云：『韓愈之賢不及孟子，……雖然，使其道由愈而得粗傳，雖滅死萬口無恨！』

(四)朱熹「中庸章句序」云：『自上古聖神，繼天立極，而道統之傳有自來矣。……允執厥中者，堯之所以授舜也；人心惟危，道心惟微，惟精惟一，允執厥中者，舜之所以授禹也。……自是以來，聖聖相承，若成湯文武之爲君，皋陶伊傅周召之爲臣，既皆以此而接夫道統之傳；若吾夫子，則雖不得其位，而所以繼往聖，開來學，其功反有賢於堯舜者。然當是時，見而知之者，惟顏氏曾氏之傳得其宗，及曾氏之再傳而復得夫子之孫子思；……自是而又再傳以得孟氏，……以承先聖之統，及其沒而遂失傳焉。……故程夫子兄弟者出，得其所考，以續夫千載不傳之緒。……熹……雖於道統之傳，不敢妄議，然初學之士，或有取焉。』「大學章句序」又云：『及周之衰，……時有若孔子之聖，……獨取先王之法，誦而傳之。……三千之徒，蓋莫不聞其說，而曾氏之傳，獨得其宗，……及孟子沒而其傳泯焉。……天運循環，無往不復。宋德隆盛，治教休明；於是河南程氏兩夫子出，而有以接乎孟子之傳。……雖以熹之不敏，亦幸私淑而與有聞焉。』

上引孔子的道統說，以西周宗教天道觀爲根據；孟子的道統說，以五行循環的運命論爲前提；韓愈的道統說，以中古正宗的思想統制爲背景；朱熹的道統說，以人心道心的一成不變爲張本；而皆以自己的所見爲獨接先王道統之正傳。他們的理由雖各有不同，但在方法論上，則同爲基因論觀點，同以「發揮引申」前人的所見爲思想進步的正軌路綫，而否認「批判揚棄」的方法有存在餘地。

從經學態度來看，誠然「不能輕視發揮引申」；但在經學的中古思想已經終結，而需要創造近代新思想的時代，却不能不改用「批判揚棄」的方法。從「批判揚棄」的觀點來看，所謂「道統之傳」，實在一種不可思議的神秘主義說法。因爲思想是存在的反映，它必隨時代的進步而進步，依靠人類的經驗和科學的發明而有性質變化。前人的思想，決不能是永恆不變的絕對眞理，由萬古之前以傳萬古之後，中間只有「發揮引申」而沒有「批判揚棄」，無論如何，總是講不通的道理。

不過，從馮氏的基因論觀點來看，「道統之傳」亦是進步。所以他對於「發揮引申」程朱理學而成的「新理學系統」，亦以承接「中國哲學精神之主流」自命。例如在「新原道」中他說：

中國哲學的精神的進展，在漢朝受了逆轉，經過了三四百年，到玄學始入了正路。中國哲學的精神的進展，在淸朝又受了逆轉，又經過二三百年，到現在始又入了正路。……在西洋，近五十年來，邏輯學有極大底進步。但西洋的哲學家，很少能利用新邏輯學的進步，以建立新底形上學。……不過在西洋哲學史裏，沒有這一種底形上學的傳統。……在中國哲學史中，先秦的道家，魏晉的玄學，唐代的禪宗，恰好造成了這一種傳統。新理學就是受這一種傳統的啓示，利用現代新邏輯學對於形上學底批評，以成立一個完全「不着實際」底形上學。但新理學又是「接着」宋明道學中底理學講底。所以……它是接着中國哲學的各方最好底傳統，而又經過現代的新邏輯對於形上學的批評，以成立底形上學。（頁一一二至一一三）

馮氏在這裏所說的「逆轉」與「正路」，包括着許多嚴重問題，我們擬另文評述。本文只指出所謂『接着中國哲學的各方面的最好底傳統』云云，和上面所引四種「道統之傳」的觀點，事同一律。關於這一點，在「新原道」的「自序」中，所說更爲明白：

此書之作，蓋欲述中國哲學主流之進展，批評其得失，以見新理學在中國哲學中之地位。所以先論舊學，後標新統。異同之故明，斯繼開之迹顯。……書凡十章，新統居一，敝帚自珍，或貽謬譏焉。然孔子曰：『文王旣沒，文不在茲乎？』孟子曰：『聖人復起，必從吾言。』其自信若是。……蓋學問之道，各崇所見，當仁不讓，理固然也。

馮氏的道統說，如果強求其不同於舊的道統說之處，就在於舊說只以承接儒家的道統，馮說則承接『中國哲學的各方面的最好底傳統』，此外，又加上西洋近五十年來的新邏輯學。但是，旣經肯定學術的發達有所謂「統」，當然仍是基因論的觀點。

道統之說，和先王崇拜及經學態度，密切而不可分，我們已經屢有說明。先秦的道統說，不論孔子或孟子，都帶有宗教的神秘主義色彩。宋儒的道統說，其爲僭妄不實，在明末已經被少數卓越的思想家所大胆揭穿。例如：

（一）黃綰「明道編」云：『象山云：韓退之言，軻死不得其傳。直至濂洛諸公得千載不傳之學，但草創未爲光明。予謂當時禪學盛行於天下，雖在諸公亦不免禪學之汩。至於聖人心傳之要，或不能無憾，亦不但草創未光明而已。此言予極知僭妄，但屬堯舜禹湯文武周公孔孟道脈所在，故敢言之，以啓後世有志者之精求也。』

(二)李贄「藏書」「德業儒臣論」云：『道之在人，猶水之在地也。人之求道，猶之掘地而求水也。然則水無不在地，人無不載道也審矣。而謂水有不流，道有不傳，可乎？顧掘地者，或棄井而逃，或自甘於溷濁鹹苦，終身不見甘泉而遂止者有之。然而得泉者亦已衆矣。彼謂軻之死不得其傳者，眞大謬也。惟此言出而後宋人直以濂洛關閩接孟氏之傳，謂爲知言云。吁！自秦而漢而唐而後至於宋，中間歷晉以及五代，無慮千數百年。若謂地盡不泉，則人皆渴死久矣。若謂人盡不得道，則人道滅矣，何以能長世也？終遂泯沒不見，混沌無聞，直待有宋而始開闢而後可也。何宋室愈以不競，奄奄如垂絕之人，而反不如彼之失傳者哉？好自尊大標幟，而不知其詬誣亦太甚矣。今夫造爲謗言，誣陷一家者，其罪誅。今以一語而誣千百載之君臣，非特其民無道，其臣無道，其君亦無道。一言而千古之君臣皆不免於不道之誅，誣罔若此，有聖王出，反坐之刑，當如何也？而可輕易若此乎？』

右舉黃綰和李贄的反道統說的理由，誠然頗爲薄弱；但是，從先秦到唐宋的道統說，其理由則更爲薄弱。尤其重要的是，一種帶有權威性的傳統信條，一旦有人指出而揭發其不合實際的事理眞相，就意味着它的歷史壽命行將結束。所以，黃李兩家的理由雖不充分，他們對於中古思想的批評，却有發端的意義；在某種限度以內，可以說他們是明清之際反道學思潮的播種者。

明清之際的反道學思潮，本質上是近代社會黎明期的文藝復興，「復興」的邏輯將這一思潮染上了「古學」色彩；而且這一「復興」，首先遭到滿清的中古異族迫害，其次又遭受到鴉片戰爭以降的次殖民地歪曲，終於又折回到「經學」舊路。所以先王崇拜和道統觀念也仍然繼續存在。「五四」時代由顧頡剛代表的「疑古」學派，將「進化」觀念注入於中國史學，開始淸除先王崇拜和道統觀念；而馮友蘭則另標「釋古」宗旨，通過對於黑格爾歷史哲學中「正反合」範疇之形式主義的理解，又復活了「正統派」觀點，在肯定「經學」進步「實然性」的「釋古」方法上，輸入了以「發揮引申」抹煞「批判揚棄」的純量哲學，由變相的基因論發展觀完成了新的道統說。這一新的形上學系統之抬頭，象徵着中古煩瑣哲學中實在論派的繼續繁榮。依照思想史的公例，中國在最近的將來，可能有一次新唯名論與新實在論的論爭；而澈底淸除先王崇拜和道統觀念的課題，也將由中國的新唯名論者所完成。并且也只有經過這個階段，中國哲學思想的中古性質，才能完全脫掉，成爲近代思想的本格形態。

儒家學說的貴族性

嵇文甫

一　儒是古代貴族文化的保持者

孔子以前就有「儒」，「儒」原是周代社會中一流品，而爲「儒家」所自出，現在已可稱爲定論了。章太炎「國故論衡」中有「原儒」篇，曾用「達」「類」「私」三名分析儒字的含義。達名的儒，指一切術士而言，連九流百家都可包括在內。這恐怕是儒家盛興後儒名的濫用，猶如現今之稱「西儒」。章氏認爲古義，未必可信。私名的儒，專指儒家而言。類名的儒，通指以六藝教人者而言。先有類名的儒，而後有私名的儒，前者實爲後者所自出。錢賓四說：

據「說文」：『儒爲術士之稱』。「禮記鄉飲酒義」注：『術猶藝也』。「列子」「周穆王篇」：『魯之君子多術藝』。然則術士猶藝士也。稱藝士者，由其嫺習六藝。「周官」地官司徒：保氏養國子以道，教之六藝。六藝者：一曰五禮，二曰六樂，三曰五射，四曰五御，五曰六書，六曰九數。此禮樂射御書數之六者，厥爲當時貴族之學，亦儒者進身於貴族之學也。（「先秦諸子繫年」八五頁）

儒爲術士，即通習六藝之士。古人以禮、樂、射、御、書、數爲六藝，通習六藝即得進身貴族，爲之家宰小相，稱陪臣焉。孔子然，其弟子亦無不然。儒者乃當時社會生活一流品，正猶墨爲刑徒苦役，亦當時社會生活一流品也。（「古史辨」第四册序）

這裏所講的儒，正是章氏所謂類名的儒。而一方面說：『術士猶藝士也。稱藝士者，由其嫺習六藝。』於是乎章所謂達名的儒不能獨立，儒可以消納在類名中。另一方面他又說：『孔子然，其弟子亦無不然』。於是乎所謂私名的儒亦顯然和類名的儒有密切關係了。把章氏所說三種含義打成一片，這樣講儒字，最爲圓滿。而且說六藝是貴族之學，『通習六藝卽得進身貴族』，更把儒家和貴族的關係明白指示出來。其後馮芝生作「原儒墨」，把錢先生和胡適之、傅孟眞諸氏的說法融合批判，更確定儒是以教書相禮等爲職業而屬於上層社會的一流人。我們要認識儒家的階級性，自當首先從此處着眼。

我們應該知道春秋以前是個貴族統治的時代，整個文化都是貴族的文化，禮是貴族的禮，學是貴族的學。那班以敎書相禮等爲職業的所謂儒，原來專是貴族的御用品，與祝宗瞽史爲同類。他們服務於貴族，而其本身亦正不失爲一個小貴族。貴族的界說本甚廣泛，自天子以下至於士，都可以謂之貴族。如祝、宗、瞽、史、師、儒，都具有士大夫身分，自當列在貴族的階層以內。自貴族政治崩壞，這班明習舊典有專門知識技能的小貴族，散佈在各方面。如：

> 太師摯適齊，亞飯干適楚，三飯繚適蔡，四飯缺適秦，鼓方叔入於河，播鼗武入於漢，少師陽，擊磬襄，入於海。（「論語」）

這班人學問雖有大小，技能雖有高下，但他們總都或多或少的把古代貴族文化保持下來。孔子也是他們隊伍中的人，他所接近的多是這班人，他的學問也多得自這班人。子貢說：

> 文武之道，未墜於地，在人。賢者識其大者，不賢者識其小者，莫不有文武之道焉。夫子焉不學？而亦何常師之有？（「論語」）

「文武之道」就是周代傳統的貴族之道。那班散在四方的祝、宗、瞽、史、師、儒等，識大識小，各有所傳授。孔子把這些從多方面得來的知識，綜合整理，構成體系，以繼承文武周公，而保持傳統的貴族文化。他自己說「述而不作」，那倒是實在的。但是孔子對於古代文化，並非囫圇吞下去。他的文化陶養極深，取材極廣，能把傳統的思想制度神明變化的活用起來。所以說：

行夏之時，乘殷之輅，服周之冕，樂則韶舞。（「論語」）

可見他斟酌去取之間是極費匠心的。——

麻冕，禮也；今也純，儉；吾從衆。（「論語」）

拜下，禮也；今拜乎上，泰也；雖違衆，吾從下。（「論語」）

『事之無害於義者，從俗可也。』不必摩託車而一定要騎驢，也未免有點固執。然而——這樣名分所關的大節目，却是絲毫遷就不得的。他一方面守「經」，一方面達「權」，既要復古，又不背時。他把許多傳統的思想制度，加以新解釋，賦以新意義，改頭換面，使於新時代中仍有存在的地位（參看下幾節）。他並不是極端的守舊派，而是修正派，而修正恰就是最巧妙的守舊。他那鬼斧神工聖心獨運的地方，真使『游夏不能一辭』。然而大聖人的手腕，終抵不住時代的潮流。當時貴族社會已必然的要沒落，他不得不讓那代表新興自由地主思想的法家者流先來試一試了。待法家遭遇秦末的失敗，新興的統治階級逐漸遮掩其自由地主的本色，而趨於貴族化，於是孔子學說方得着昌盛的機會，而古代貴族文化亦得以變相的永久留傳於漢以後的社會中。孔子真不愧爲貴族社會的萬世師表呵！

二　等級思想

貴族統治的社會是等級社會。天子、諸侯、大夫、士、庶人，等級差別，清清楚楚。「名位不同，禮亦異數」。好像帶着徽章一樣，從他們的衣服容貌言語行動上，一望而知其在什麼等級，是什麼身分。如「禮記」：

天子穆穆，諸侯皇皇，大夫濟濟，士蹌蹌，庶人僬僬。

天子之妃曰后，諸侯曰夫人，大夫曰孺人，士曰婦人，庶人曰妻。

天子死曰崩，諸侯曰薨，大夫曰卒，士曰不祿，庶人曰死。（以上曲禮）

天子之堂九尺，諸侯七尺，大夫五尺，士三尺。

天子龍袞，諸侯黼，大夫黻，士玄衣纁裳。

天子之冕十有二旒，諸侯九，上大夫七，下大夫五，士三。（以上禮器）

如此等等，都明顯的表示出等級關係，都是儒家所傳述、所擁護的。儒家中號稱帶有民主色彩的孟子，實際上等級觀念十分強烈。如云：

無君子莫治野人，無野人莫養君子。

或勞心，或勞力；勞心者治人，勞力者治於人；治於人者食人，治人者食於人：天下之通義也。

君子就是貴族，野人就是平民。貴族治平民，平民養貴族。勞心者和勞力者，治者階級和被治者階級，畫分得淸淸楚楚。看他這樣一種「天下之通義」，眞是擁護等級統治最乾脆最不客氣的宣言。就這一點，他就不愧稱爲「亞聖」。自然，擁護等級制度最厲害的還要算荀子。他說：

夫貴爲天子，富有天下，是人情之所欲也。然則從人之欲，則勢不能容，物不能贍也。故先王案爲之制禮義以分之，使有貴賤之等，長幼之差，智愚能不能之分，皆使人載其事而各得其宜，然後使穀祿多少厚薄稱之：是天羣居和一之道也。故仁人在上，則農以力盡田，賈以察盡財，百工以巧盡械器，士大夫以上至於公侯莫不以仁厚知能盡官職：夫是之謂至平。故或祿天下而不自以爲多，或監門御旅抱關擊柝而不自以爲寡。故曰：斬而齊，枉而順，不同而一，夫是之謂人倫。（榮辱）

他偏把不平等看作平等，他認爲等級制度是「羣居和一之道」，是應乎社會生活之必要而產生的。什麼「至平」，什麼「人倫」，把個等級制度說得那樣好。等級制度萬歲！他更原原本本的說：

水火有氣而無生，草木有生而無知，禽獸有知而無義；人有氣，有生，有知，亦且有義，故最爲天下貴也。力不若牛，走不若馬，而牛馬爲用何也？曰，人能羣彼不能羣也。人何以能羣？曰分。分何以能行？曰以義。故義以分則和，和則一，一則多力，多力則强，强則勝物。故宮室可得而居也。故序四時，裁萬物，兼利天下：無它故焉，得之分義也。故人生不能無羣，羣而無分則爭，爭則亂，亂則離，離則弱，弱則不能勝物。故宮室不可得而居也。不可少頃舍禮義之謂也。（王制）

人之生不能無羣，羣而無分則爭，爭則亂，亂則窮矣。故無分者天下之大害也，有分者天下之大利也。而人君者，所以管分之樞要也。故美之者是美天下之本也，安之者是安天下之本也。貴之者是貴天下之本也。古者，先王分割而等異之也。故使或美或惡，或厚或薄，或佚或樂，或劬或勞；非特以爲淫泰夸麗之聲，將以明仁之文，通仁之順也。（富國）

他從無生物草木鳥獸層層說到人上，拿出「羣」的大題目來，說人所以能「羣」就在一個「分」字。必須『或美或惡，或厚或薄……』，分出多少貴賤的等第來，然後能羣居而不亂。荀子最重「禮」，「禮」正是等級制度的具體軌範，正是要用以規定這個「分」的。人類只因其能明禮義，君臣父子，尊卑貴賤；各有定分而不相亂，所以才高出萬物。若是越禮亂分，則將不能維持其「羣」的生活，而人亦無以自別於禽獸。這樣說來，等級制度眞是人道所必不可廢了。荀子更把這個「分」的觀念應用到經濟問題上。他說：『兼足天下之道在明分。』（富國）因此他力闢墨子尙儉之說：

墨子之言，昭昭然爲天下憂不足。夫不足非天下之公患也，特墨子之私憂過計也。……今夫天地之生萬物也，固有餘足以食人矣；麻葛繭絲鳥獸之毛羽齒革也，固有餘足以衣人矣。……天下之公患，亂傷之也。胡不嘗試相與求亂之者誰也？我以爲墨子之非樂也，則使天下亂；墨子之節用也，則使天下貧。非將墮之也，說不免焉。墨子大有天下，小有一國，將蹙然衣麤食惡，憂戚而非樂。若是則瘠，瘠則不足欲，不足欲則賞不行。墨子大有天下，小有一國，將少人徒，省官職，上功勞苦，與百姓均事業，齊功勞。若是則不威，不威則罰不行。賞不行則賢者不可得而進也，罰不行則不肖者不可得而退也。賢者不可得而進也，不肖者不可得而退也，則能不能不可得而官也。若是則萬物失宜，事變失應，上失天時，下失地利，中失人和，天下敖然，若燒若焦；墨子雖爲之褐衣帶索，啜菽飲水，惡能足之乎？既以伐其本竭其源而焦天下矣。故先王聖人爲之不然。知夫爲人主上者不美不飾之不足以一民也，不富不厚之不足以管下也，不威不强之不足以禁暴勝悍也；故必將撞大鐘擊鳴鼓吹笙竽彈琴瑟以塞其耳，必將雕琢刻鏤黼黻文章以塞其目，必將芻豢稻粱五味芬芳以塞其口；然後衆人徒，備官職，漸慶賞，嚴刑罰以戒其心。使天下生民之屬，皆知己之所願欲之舉在於是也，故其賞行；皆知己之所畏恐之舉在於是也，故其罰威。賞行罰威，則賢者可得而進也，不肖者可得而退也，能不能可得而官也。若是則萬物得宜，事變得應，上得天時，下得地利，中得人和，則財貨渾渾如源泉，汸汸如河海，暴暴如丘山，不時焚燒，無藏所之，夫何患乎不足也？（富國）

許多人都攻擊墨家的「尙儉」，但他們不過說他自苦太過，難以實行，却總還承認那是一種「家給人足之道」（如司馬談說）。荀子卻厲害了。他竟然說，『墨術誠行，則天下尙儉而彌貧』。因儉而致貧，這的確算是一種奇特的經濟理論，從來中國學者沒有說到過。尙儉爲什麽能致貧呢？他的理由是因爲儉則不足以「明分」。大家都過着簡陋的生活，尊卑貴賤還怎樣區別出來？尊卑貴賤沒有區別，則無以行其賞罰；賞罰不行，則無以進賢退不肖，而各種事業都不能振興。如此則百業衰而財源竭，徒尙儉何益？從荀子看來，只有使尊卑貴賤各得其分，社會才能繁榮。『兼足天下之道在明分』，這可以說是一種封建主義的經濟學，這是擁護等級制度的一種經濟的理由。

三 非功利思想

儒家諱言功利。如孔子說：『放於利而行多怨』。『君子喻於義，小人喻於利。』孟子說：『亦有仁義而已矣。何必曰利？』這是後來學者所常常稱道的。先秦諸子，除儒家外，都講功利。法家墨家等不必說了。就連道家，道理雖然講得很玄遠，齊死生，一得喪，好像超然於人世間禍福利害以外，但是實際上最會打小算盤，利害計較極入微的。關於這些，待下邊講到各家時再說。現在要問的是：爲什麽獨有儒家主張非功利主義？難道說儒家特別高明？恐怕不對。我以爲儒家的非功利主義是和他的貴族性有關的。

當貴族統治的時代，一切生產財利的事務全由庶民擔任，那班封建領主本來不必過問，而且也不屑過問。「左傳」成十三年，劉康公說：

君子勤禮，小人盡力。勤禮莫如致敬，盡力莫如敦篤。敬在養神，篤在守業。

貴族專門講習禮儀，陶養精神，以自保其高貴身分。「盡力」、「守業」，那是小百姓的事情。倘若一個貴族過問那些下等事務，未免有失尊嚴。所以『天子不問有無，諸侯不言多少』。口不言利成爲貴族的道德律。他們要體面、大方、慷慨。一個破落戶的貴族，比那班暴發戶的小百姓也要講點派頭的。這種古代貴族的精神完全由儒家繼承下去，而形成他的非功利思想。最有意味的，如「論語」上那一章：

樊遲請學稼，子曰：吾不如老農。請學爲圃，曰：吾不如老圃。樊遲出。子曰：小人哉！樊須也。上好禮，則民莫敢不敬；上好義，則民莫敢不服；上好信，則民莫敢不用情。夫如是，則四方之民襁負其子而至矣。焉用稼？

「小人」乃是說「粗鄙近利」的小百姓，對乎上流人的貴族而言。稼和圃都是粗鄙的事，只應讓下層人民去幹。我們有身分的人只應該講禮、義、信，使那班粗鄙的人民歸附我們，他們自然會把糧食送來，還用我們自己去耕嗎？三個「上」字，分明表現出孔子是由統治階級的立場，爲統治階級說法。學也者，所以學爲官也，學爲長也，學爲君也，並不是學種地。這很可以看出儒家鄙視生產的心理。

儒家不喜歡談經濟問題，即使談到，也多在分配和消費方面，而牽涉到生產方面的很少。如孟子，關於生產者，只有『不違農時』，『雞豚狗彘之畜勿失其時』……一類消極的辦法。像法家那樣積極獎勵生產，如所謂「盡地力」之教，他是極反對的。他說：

故善戰者服上刑，連諸侯者次之，辟草萊任土地者次之。

「辟草萊，任土地」，正是所謂「盡地力」，他却要科以第三等的大罪。他的經濟政策全着重在分配方面，如井田制就是。荀子在「王制」、「富國」兩篇中所提出的經濟政策，比着孟子雖更詳備，但在着重分配這一點上並沒有多大變更。關於消費方面，他們都主張節用。但儒家的節用，並不像墨家的節用那樣，從實利上着想，他們是以合乎「禮」爲標準的。「禮記」「雜記」篇述孔子的話道：

管仲鏤簋而朱紘，旅樹而反坫，山節而藻棁，賢大夫也，而難爲上也。晏平仲祀其先人，豚肩不掩豆，賢大夫也，而難爲下也。君子上不僭上，下不偪下。

太奢了不好，太儉了也不好，着眼全在「禮」上，在「分」上。這裏所講，是「義」的問題，而不是「利」的問題。最後我要引董仲舒一段話：

公儀子相魯，之其家，見織帛，怒而出其妻；食於舍而茹葵，慍而拔其葵。曰：『吾已食祿，又奪園夫女紅利乎』？古之賢人君子在列位者如是。故下高其行而從其教，民化其廉而不貪鄙。……夫皇皇求財利，常恐乏匱者，庶人之意也；皇皇求仁義，常恐不能化民者，大夫之意也。易曰：『負且乘，致寇至』。乘車者，君子之位也；負擔者，小人之事也。此言居君子之位，而爲庶人之行者，其患禍必至也。若居君子之位，當君子之行，則

舍公儀休之相魯無可爲者矣。（「漢書」董仲舒傳）

董氏雖爲漢朝人，但這段話確是儒家的正統思想，發揮孔孟的非功利主義最爲透徹切至，而這種非功利思想的貴族性也很明顯的表現出來了。

四　人文主義

儒家的整個思想可以名之曰人文主義。什麼是人文主義呢？我的意思乃是說他：不迷信天鬼，不崇尚自然，不計算實利，而只講人道所當然，人心所不容已。

我們先就喪禮祭禮來講。假使像道家那樣的崇尚自然，返淳還樸，『民有其親死而其子不哭者，而民莫之非也』，那就根本無所謂喪禮祭禮了。然而儒家是尚文的，決不肯那樣朴直。他們一定要厚葬久喪，一定要舉行隆重的祭典。『登屋而呼，俯井而窺』；『七日戒，三日齋』；……像煞有介事的做出多少儀文。這是幹什麼呢？你說他們眞相信死者有知嗎？說他們眞相信有鬼嗎？不見得。因爲孔子明明說過：『未知生，焉知死；』『未能事人，焉能事鬼。』對於「死」和「鬼」的問題，他是存而不論的。鬼的有無還沒確定，而却大講其喪禮和祭禮，究竟你是對誰行禮？究竟有沒有誰來享受？從實用主義的觀點看來，這簡直是不可解，簡直是一種滑稽可笑的舉動。然而儒家自有他的解釋。怎樣解釋呢？用人文主義的觀點來解釋。如「論語」：

宰我問：『三年之喪，期已久矣。君子三年不爲禮，禮必壞；三年不爲樂，樂必崩。舊穀旣沒，新穀旣升，鑽燧改火，期可已矣。』子曰：『食夫稻，衣夫錦，於汝安乎。』曰：『安』。『汝安則爲之。夫君子之居喪，食旨不甘，聞樂不樂，居處不安，故不爲也。今汝安，則爲之。』宰我出。子曰：『予之不仁也！子生三年，然後免於父母之懷。夫三年之喪，天下之通喪也。予也有三年之愛於其父母乎？』

又如「孟子」：

孟子自齊葬於魯，反於齊，止於嬴。充虞請曰：「前日不知虞之不肖，使虞敦匠事。事嚴，虞不敢請。今願竊有請也。木若以美然。」曰：「古者棺椁無度。中古棺七寸，椁稱之。自天子達於庶人。非直為觀美也，然後盡於人心。不得不可以為悅，無財不可以為悅。得之為有財，古之人皆用之，吾何為獨不然。且比化者無使土親膚，於人心獨無恔乎？吾聞之，君子不以天下儉其親。」

蓋上世嘗有不葬其親者。其親死，則舉而委之於壑。他日過之，狐狸食之，蠅蚋咕嘬之。其顙有泚，睨而不視。夫泚也，非為人泚；中心達於面目。蓋歸反虆梩而掩之。掩之誠是也。則孝子仁人之掩其親亦必有道矣。

這是孔孟對於喪禮的見解。看他們一則曰「於汝安乎」，再則曰「然後盡於人心」，三則曰「於人心獨無恔乎」，四則曰「中心達於面目」，全是從人心所不容已上立說。他們行喪禮，不是說對於死者會有什麼好處，不過因為必須這樣然後心裏過得去，然後算盡其為人之道。所以死者有知無知是沒關係的。

這是儒家對於喪禮的一種人文主義的解釋。再看祭禮。如「禮記」：

夫祭者，非物自外至者也，自中出，生於心也。心怵而奉之以禮。是故惟賢者能盡祭之義。賢者之祭也，必受其福。非世所謂福也。福也者，備也。備也者，百順之名也。無所不順者謂之備。言內盡於己，而外順於道也。（祭統）

夫聖王之制祭祀也；法施於民則祀之，以死勤事則祀之，以勞定國則祀之，能禦大災則祀之，能捍大患則祀之。……及夫日月星辰，民所瞻仰也；山林川谷丘陵，民所取財用也。非此族也，不在祀典。（祭法）

古之君子，使之必報之。迎貓，為其食田鼠也；迎虎，為其食田豕也。……蜡之祭，仁之至，義之盡也。（郊特牲）

從這幾段話可以看出儒家祭祀理論的一個特點。大凡各種教門，說到祭祀，多重在「祈」；獨有儒家，却重在「報」。既是「祈」，當然希望得到某種效果，當然鬼神確乎存在能應我的「祈」爲先決條件。如果無所「祈」，而只圖「報」，則惟自盡其心而已。儒家把祭祀純粹解釋成崇德報功的意思。古聖先賢對我們有功德，日月山川對我們也有功德，乃至貓、虎，對我們未嘗沒有功德，所以都該祭祀。蜡之祭，下及昆蟲土木，分明是拜物教的遺跡。然而儒家偏會根據「使之必報之」的原則，把它解釋得「仁之至，義之盡」，一點原始迷信意味沒有了。自然，祭祀免不了要祈福，儒家也承認。但是他會給「福」字一種新解釋。『福也者，備也。備也者，百順之名也』。『內盡於己，外順於道』，這就是「福」。仍歸到人心上，始終不離人文主義的立場。荀子有一段話講得更乾脆：

> 雩而雨何也？曰：無何也。猶不雩而雨也。日月食而救之，天旱而雩，卜筮然後決大事，非以爲得求也，以文之也。故君子以爲文，而百姓以爲神。以爲文則吉，以爲神則凶也。（天論）

他一點也不迷信。他明明知道，求雨不一定就會下雨，敲鼓打鑼並救不了日月食，卜筮也並不能決大事。然而天旱了，千千萬萬人命所關，不可沒有一種焦急憂惶的表示；日月懸象著明，爲大衆所瞻仰，現在忽然被食了，不可沒有一種驚慌的表示；國家有戰爭祭祀等大事了，占卜一下，亦所以表示鄭重。這都是人道所當然，人心所不容已，都是應有之「文」。『君子以爲文，百姓以爲神』。小百姓迷信，他們並不迷信，他們乃是從人文主義的觀點來理解這些事情。

以上是儒家對於喪禮祭禮底人文主義的解釋。原來自春秋以降，一般士大夫思想漸漸開明了。如所謂『天道遠，人道邇』，所謂『國將興，聽於民，將亡，聽於神』，都是人文主義的見解，把傳統的天鬼迷信都看破了。然而因階級立場的限制，使他們不能一直走向無神論。因爲假如那樣，則傳統的思想信仰將大爲動搖，現存的社會秩序將不能保持，這是對於站在統治地位的貴族們極不利的。於是這裏出現了一個矛盾，就是：主張有神論吧？人智已經開明，心裏很難信得過，主張無神論吧？那是一種危險思想，要不得的。好了，儒家的人文主義出來了。他們對於鬼神，不說無，也不說有，而另從一種新意義上去擁護傳統的禮制習俗。於是許多荒誕不合理的事情，都受到人文主義的洗禮，而得以存在於人智已經開明的時代。孔子說：『之死而致生之，不智而不可爲也；之死而致死之，不仁而不可爲也。』還信鬼神，不智；主張無鬼論，却也不仁。只有儒家的人文主義，才是仁而且智的辦法，也才是最適合於貴族立場的辦法。

最後我們再從禮與仁的關係上一探儒家人文主義的奧妙。如上文所引，宰我欲短喪，本是違「禮」，而孔子却斥他不「仁」。又說：『人而不仁如禮何。』可見「禮」是不能離開「仁」的。張橫渠說：

禮義三百，威義三千，無一事而非仁也。（正蒙）

這句話最能道破儒家論禮的根本精神。但是怎麽會「無一事而非仁」？請看顧亭林的一段話：

五品之人倫，莫不本於中心之仁愛。故曰：『拜稽顙，哀戚之至隱也；稽顙，隱之甚也。』又曰：『其往也，望望然，汲汲然，如有追而弗及也；其反哭也，皇皇然，如有求而弗得也。故其往送也如慕，其反也如疑。求而無所得之也。入門而弗見也，上堂又弗見也，入室又弗見也。亡矣！喪矣！不可復見已矣！故哭泣辟踊，盡哀而止矣。心悵焉，愴焉，惚焉，愾焉，心絕志悲而已矣。』此於喪而觀其仁也。『喪三日而殯，凡附於身者必誠必信，勿之有悔焉耳矣。三月而葬，凡附於棺者必誠必信，勿之有悔焉耳矣。』又曰：『且比化者，無使土親膚，於人心獨無恔乎？』此於葬而觀其仁也。『齋之日，思其居處，思其笑語，思其志意，思其所樂，思其所嗜。齋三日，乃見其所爲齋者。祭之日，入室，僾然必有見乎其位；周旋出戶，肅然必有聞乎其容聲；出戶而聽，愾然必有聞乎其嘆息之聲。是故先王之孝也，色不忘乎目，聲不絕乎耳，心志嗜欲不忘乎心。』又曰：『祭之明日，明發不寐，饗而致之，又從而思之。祭之日，樂與哀半。饗之必樂，已至必哀。』此於祭而觀其仁也。自此而推之，郊社之禮，所以仁鬼神也，鄉射之禮，所以仁鄉黨也；食饗之禮，所以仁賓客也。親親而仁民，仁民而愛物，而天下之大經畢舉而無遺矣。（「日知錄」卷六）

這段話把各樣的禮都拿仁字貫穿來講，眞可謂「無一事而非仁也」。這個仁字，並不是什麼「直覺」，也不是什麼「同情心」，乃是指着那一段懇惻不容已的心情而言。這正是儒家人文主義的結晶。拿「仁」的意味來講「禮」，也就是拿人文主義的觀點來講「禮」。孔子所以不能化臭腐爲神奇，把古代傳統的貴族文化講得那樣圓融美滿，其奧妙全在這個地方。

五　所謂王道

儒家尊王而賤霸，主張王道政治，這是誰都知道的。不過近來有人以爲尊王賤霸是孟子以後的事情，孔子並不如此。不錯，首先明白提出王霸問題的是孟子，在孔子的言論中，我們並沒發現出來什麼王道與霸道這些名辭。但是我們研究一個問題，不能專從名辭上看，而更須分析其實質。王道和霸道，實質上的區別究竟何在呢？請看孟子的話：

以力假仁者霸，霸必有大國；以德行仁者王，王不待大，湯以七十里，文王以百里。以力服人者，非心服也，力不贍也，以德服人者，中心悅而誠服也。

霸者之民，驩虞如也，王者之民，皞皞如也。殺之而不怨，利之而不庸，民日遷善而不知爲之者。夫君子所過者化，所存者神，上下與天地同流，豈曰小補之哉？

王者尙德，霸者尙力，王者感化人，霸者刦制人；王者居仁由義，霸者假仁假義，王者過化存神，能根本的改善人羣而不顯其功；霸者功業赫然，而實不過苟且小補，姑救一時之弊。孟子根據這種觀點。所以極看不起霸者。他說：

仲尼之門，五尺之童，無道桓文之事者。

五霸者，三王之罪人也。

說孔門羞稱五霸是靠不住的，因爲「論語」上明明稱贊管仲。然而從儒家根本精神和整個體系看來，他們畢竟是和霸道對立着。孔子主張「爲政以德」。又說：

道之以政，齊之以刑，民免而無恥；道之以德，齊之以禮，有恥且格。

他並沒有說什麼王道，但他所崇尙的德禮，正是孟子所謂王道；他並沒有說什麼霸道，但他所卑視的政刑，正是孟子所謂霸道。孟子曾比較「政」和「教」的效用道：

仁言不如仁聲之入人深也，善政不如善教之得民也。善政民畏之，善教民愛之；善政得民財，善教得民心。

霸者所重在「政」，王者所重在「教」。重教而輕政，不是和孔子德禮政刑之論完全一致麼？我們應該知道所謂王道就是一種德化政治，王和霸的對立就是「德治」和「法治」的對立。王道建築在人文主義上，霸道建築在實利主義上。王道的理論體系是「修身、齊家、治國、平天下」，道德和政治不分，倫理和法律不分，乃至家和國不分；霸道則把家和國，道德倫理和政治法律，截然分開，看人君內行之修不修是無關於治國之大體的。霸者之功，無論怎樣煊赫，但從王道的觀點看來，總不過旁門曲徑，苟救一時之急；說到化民成俗，根本的走上人文社會的大路，却不免背道而馳。使曾西得志，斷做不出管仲的事業，但管仲的事業是曾西所不屑爲的。王與霸非程度上之不同，乃性質上之不同。做一分王道，總算是王道；做十分霸道，也只算霸道。知道這個道理，則儒家那樣輕視五霸自不足異，而無論孔子、孟子、乃至荀子，在這點根本精神上亦自當不會有所衝突了。論者不察，乃說什麽孔子主張的是「爸爸政治」，孟子主張的是「媽媽政治」，於孔孟之間橫加區別。至於孟荀，區別更多。什麽「大同」、「小康」啦；「民主」、「專制」啦……好像是截然對立的兩家。他們把孔孟荀都主張王道政治這一層似乎都忘記了。孔子說：

民爲貴，社稷次之，君爲輕。……得乎丘民爲天子。

桀紂之失天下也，失其民也；失其民者，失其心也。得天下有道，得其民斯得天下矣；得其民有道，得其心斯得民矣；得其心有道，所欲與之聚之，所惡勿施爾也。

暴其民甚，則身弑國亡；不甚，則身危國削；名之曰幽厲，雖孝子慈孫，百世不能改也。

賊仁者謂之賊，賊義者謂之殘，殘賊之人，謂之一夫。聞誅一夫紂矣，未聞弑君也。

今之事君者曰：『我能爲君闢土地，充府庫』。今之所謂良臣，古之所謂民賊也。君不鄉道，不志於仁，而求富之，是富桀也。『我能爲君約與國，戰必克』。今之所謂良臣，古之所謂民賊也。君不鄉道，不志於仁，而求爲之强戰，是輔桀也。

像這一類的話引不勝引。尊重民意，反對暴君，真說得懇惻切至。許多人說孟子有民權思想，主張民主政治，都是以這些話爲根據的。但是他們不知道「君權」和「民權」，是制度的問題，是主權的問題，而並不是執政者好壞的問題。君無論仁暴，而君只是君。孟子只是反對暴君，他何嘗想根本廢除「君權」而代以「民權」。孟子是主張『無君子莫治野人，無野人莫養君子』的；是主張『勞心者治人，勞力者治於人』的。在一個治者和被治者分得淸淸楚楚的等級社會中，能容許所謂民主政治嗎？孟子稱當時人君爲「人牧」，又拿『今有受人之牛羊而牧之者』去比地方官受君之百姓而治之。可見人君無論怎樣愛民，亦不過如牧人之愛其牛羊而已。這裏講得上什麽「民權」？倘若孟子那些話可以算是民權思想，那末荀子也曾說過：

天下歸之之謂王，天下去之之謂亡。故桀紂無天下，而湯武不弒君。（正論）

天之生民，非爲君也；天之立君，以爲民也。（大略）

這豈不比孟子所說更富於民權思想的意味嗎？爲什麽偏說孟子主張民權，而荀子主張專制？其實我們須要記清，孟荀二子都是儒家，都是等級制度的擁護者，都主張王道政治，都沒有民權思想，在這一點上是無所用其抑揚的。不錯，荀子的尊君思想也許比較強些。如他說：

天子者，勢至重而形至佚，心至愉而志無所詘，而形不以爲勞，尊無上矣。衣被則……。飲食則……。居則設張容，負依而坐，諸侯趨走乎堂下。出戶而巫覡有事，出門而宗祀有事。……以養安，……以養鼻，……以養目，……以養耳。三公奉軛持納，諸侯持輪挾輿先馬，大侯編後，大夫次之，小侯元士次之，庶人介而夾道，庶人隱竄莫敢視望，居如大神，動如天帝。（正論）

闊哉！闊哉！吾今而後知天子之貴也！像這一類的話，孟子的確沒有說過。但是倘若你把荀子整個的政治理論和他的弟子韓非、李斯一比較，你就知道他所主張的畢竟還不是極端的君主獨裁制，他畢竟還是尊王而賤霸，和孟子沒有根本上的差別。總之，我們始終不要忘掉，儒家無論孔孟荀都主張王道政治。而所謂王道政治，既不是民主政治，也不是君主獨裁制下的官僚政治，而實在就是理想化了的貴族政治。這種政治的社會背景，是自然經濟，是宗法制度。隨着自然經濟和宗法制度之日即崩壞，這種政治主張也日甚一日的被認爲唱高調。關於這些道理，和法家學說綜合觀察就容易明白了。

綱常的理論與實際之史的檢討

熊德基

一　綱常——中國社會倫理的骨幹

綱常是中國封建社會倫理的骨幹，伴隨着封建制的生產關係，二千多年來，不僅支配了中國的思想，更且支配了中國人的生活。直到今天，我們的社會行爲仍不能不受到它的約制。

倫理思想，是特定的生產階段所派生的社會意識形態，它屬於上層建築之一。同樣的爲那生產關係所產生、所決定。依財富的占有形態而顯示出片面的厚薄不等輕重偏向的權利與義務，以維繫在上者的優越的地位與權益，及其所企望繼續的社會秩序。——在中國歷史的發展上，倫理的思想與事實正可以證明這一命題。

春秋戰國以前，中國是奴隸主「封君」（包括王、侯、卿大夫、士）所統治的社會，當時的倫理觀念尚與宗敎無明顯的分判。「士」與「庶」的權利義務雖也建立在尊卑的觀念上，而以「禮」和「刑」來判別他的社會約制的形態，但還沒有具體的德目來統括全部倫理關係。大致說，那時的道德觀念有四種：即尊尊、親親、祭祀和武勇。而全部都渲染着宗敎的色彩——尊尊即尊王、尊貴、尊主。「貴有常尊」。親親即氏族在宗法制下保宗尊嫡，以便『文王子孫，本支百世；凡周之士，不顯亦世』〔註一〕。大宗萬世一尊，周人萬世統治。祭祀則在敬天，敬上帝，敬祖先，祭祀廢驕便須受嚴厲的懲罰。葛伯不祀，遭到湯的討伐〔註二〕。紂「不事上帝」成爲周武王征誅的口實〔註三〕。武勇是保持統治的必備美德，故「士尺貴武勇」〔註四〕。湯、相土、殷高宗、王季、文王、武王、周公的武勇爲詩人所歌詠〔註五〕。湯伐桀，武王伐紂。誓告戰士，明言武勇有賞，否則受戮〔註六〕。——但這些都與黎庶無關。

庶人只能尊貴，宗周與他們無干。他們死了不會有精爽而致於神明〔註七〕。故死後無廟〔註八〕，便不須祭祀。戎事是保護政權的行動，庶人不得當兵〔註九〕，也就無須武勇。奴隸社會的倫理是『禮不下庶人，刑不上大夫』的。庶人除「力作」外無美德之可言。

到了春秋戰國時期，舊日的「士」「庶」對立的社會漸不能維持呈現解體的徵象，生產關係的改變，舊日世守其業的王官亦漸次沒落，學術漸入於新興的「學者」「言古者」之手，他們由於親歷了這巨大的變局，像波希戰爭後的希臘哲人一樣，轉而注意於新的形勢，考慮到新社會的秩序的順應和人生的行爲，遂產了先秦的政治思想和倫理思想。乃接受了殷周以來的「德」「孝」「友」「義」等道德概念，再創造了「仁」「禮」「忠」「信」等等德目和理論。特別是「儒者」和「法術之士」對於倫理的學說最豐富，而「儒者」的倫理思想更有體系，依君臣父子兄弟夫婦朋友等不同的關係統括的組成一套整個的倫理學說。他們以孔子爲首，繼由孔門後學補充闡揚，漸次適合於形成中的封建社會。到漢帝國成立，配合着統治層的需要，今文學者董仲舒首先提出了「三綱」的說法〔註一〇〕。後漢章帝與諸儒生又在白虎殿再加整理〔註一一〕，綱常的理論便完成了。而君臣父子兄弟夫婦朋友等五種關係視爲「五倫」，而名之爲「五常」（或名之爲五達道）。——封建社會延續了二千多年，這種綱常的倫理思想，經歷代君臣儒生的勅令，表揚，遂成爲中國社會的倫理綱領，甚至成爲構成法律的基本觀念。實質上也就是封建社會統治層維持社會秩序工具的一種。

二　父權・宗法・孝弟

這種綱常的理論以宗法的傳統習慣與血緣的家族組織爲基礎。故以孝弟爲出發點，推論上去演化出忠、節、信、義等理論；一直支配了整個的社會生活和個人的行爲。

中國家族組織自來即以父爲家長，這是父系氏族社會以來的傳統。以父爲中心，由他的血緣婚姻關係而組成家族。以與他的血緣遠近而定尊卑親疏。到周代實行宗法制後，最老大的一支爲大宗，而由此推定嫡庶長幼以及小宗的分適。大宗成爲最尊貴的一系〔註一三〕。父即家長，亦即主權者。他占有一切財富與權益。說文釋父：『家長率教者，從又舉杖』，這舉杖正象徵着他的威權。這種威權在封建社會成立後，更見加強。——周人行宗法制，「孝」便爲子孫的一種道德範疇；因爲孝是敬祖事親宗宗的義務。父之外，便以長爲貴，故敬兄與事父一理，「孝」與「弟」相聯，二者是以維持宗法制的存續。

先秦的儒者，如孔子及其後學，盡力發揮了「孝」「弟」的理論。——以前孝弟觀念尚爲親子兄弟間的親情與感激。『哀哀父母，生我劬勞』（詩蓼莪），『凡今之人，莫如兄弟』（詩常棣），正是此種情感的嘆詠。周人『永言孝思，孝思維則』（詩下武），尚爲『克昌厥後』（詩雝）的企求；『用孝養厥父母』（尚書酒誥），尚爲報德的心理，並無何特別理論。但到孔子以後，「孝」「弟」的理論漸次擴大，內容漸豐富。孔子主張『無違，……生事之以禮，死葬之以禮，祭之以禮』（論語爲政）；『弟子入則孝』（論語學而）；『父在觀其志，父沒觀其行，三年無改於父之道，可謂孝矣』（學而）。子夏主張『事父母能竭其力』（學而）。有子以爲『孝弟也者，其爲仁之本歟』（學而）。孟子說『孝子之至，莫大乎尊親』（孟子萬章上）；『不孝有三，無後爲大』（離婁上）；『孝，事親之本也』（同上）；『仁之實，事親者也。義之實，從兄是也』（同上）；『堯舜之道，事親而已矣』（告子下）；等理論甚多。但細加分析，可以看出先秦儒者的孝道較近人情，尚具有相對的道德意義。如孔子說『父父，子子』；各有其道，若『父不父』便是失其道（論語顏淵）。孟子謂『孩提之童，無不知愛其親者；及其長也，無不知敬其兄也』（盡心上）；大學『爲人子止於孝，爲人父止於慈』；禮運謂『父慈子孝，兄良弟悌』；晏子說『父子主恩』（孟子公孫丑下）；明顯的主張父亦應有其恩慈之道。但到後儒手裏則大異其趣。禮記漸將孝解釋成片面的絕對服從。『父母有過，下氣怡色柔聲以諫。若不入，起敬起孝。……父母怒不悅而撻之流血，不敢疾怨』（內則）。而其繁瑣的程度使人簡直無法活下去。如『爲人子者，居不主奧，坐不中席，行不中道，立不中門。食饗不爲槩，祭祀不爲尸。聽於無聲，視於無形；不登高，不臨深；不苟訾，不苟笑。孝子不服闇，不登危，懼辱親也』（曲禮上）。內則篇更說『在父母之所，……不敢噦噫、嚏咳、欠伸、跛倚、睇視，不敢唾洟，寒不敢襲，癢不敢搔；不有敬事，不敢袒裼。不涉不撅……』。孝經則依天子、諸侯、卿大夫、士、庶人等不同的身分定出不同方式的孝道。到周禮則主張『以鄉八刑糾萬民：一曰不孝之刑，二曰不睦之刑，……四曰不弟之刑』（地官）。漢儒發揮得無微不至。孝經所謂『五刑之屬三千，罪莫大於不孝。』事實上，自漢至今的親屬法關於父子間的殺傷罪與姦非罪，其彼此刑罰之遠不可以道里計。

自此，父親便操子女的生殺權（秦公子扶蘇奉到始皇賜死詔便自殺，漢郭巨爲奉養老母不得不埋兒）、財產權（曲禮謂『父母在……不有私財』）、主婚權、以及監督權。在一家之中，父權幾乎無限，故喪服上說：『父，至尊也。』

漢以後，中國封建社會形成，皇帝朝臣爲確保其統治之穩固有提倡孝弟之必要。因爲有子說過『孝弟而好犯上者鮮矣，不好犯上而好作亂者，未之有也』（論語學而）。由孝弟而推之於忠。禮記祭義載曾子的話『事君不忠非孝也。』孝經開宗明義章：『夫孝始於事親，中於事君，終於立身。』士章：『以孝事君則忠。』呂氏春秋孝行：『人臣孝則事君忠，處官廉，臨難死。』可知孝弟之大有助於皇帝。漢代提倡孝，諸帝諡以「孝」，官吏皆須讀孝經。其實，歷代無不以孝爲教。表門閭，蠲租稅，舉孝廉，賜粟帛〔註一三〕，提倡甚勤。

封建社會以一家爲一經濟單位，故盛行同居共財之制。當然，普通農民大都是五口之家，但是封建地主士大夫多擁有莊園，則爲保持其門戶與發展，大都是屢世同居共財的。如漢樊重、繆彤、蔡邕、韓元長、氾幼春，北魏楊播、盧潛，唐李綱、崔文曉、李畬、宋敬則、崔郾、劉審禮，五代周德威，遼張廷美、鄭興嗣、靳文高，宋李光轉、李符、夏世賢、陸九淵、李庭芝，元趙鏞等〔註一四〕，明石偉、王濤等〔註一五〕，清王恒園〔註一六〕，豐城吳家、章邱孟家等〔註一七〕，皆三世四世五世六世同居共財。其著者如唐張公藝九世同居，江州陳氏家族七百口，每食必共坐，宋陳財已同居十三世，其後又六世。浦江鄭氏，宋時已九世同居，至明朝鄭濂時，家族已達三千人，仍同居。這些家族龐大興旺，往往屢世公卿，一門富貴。如北魏楊播一門七郡守、三十二刺史。崔偃六子，一爲輔相，五任大僚〔註一八〕。這種大家族大都以孝弟爲家風，容易保持其人丁興旺，財富雄厚，門第高華。故士大夫眷眷以門戶爲念。如晉王導寫信勸王敦莫作亂，即殷殷以門戶爲念，絕不提忠於晉室的話〔註一九〕。北齊顏之推的顏氏家訓，也是切囑子弟孝悌謹慎，勿隳家風以保安泰。地主士族視孝弟遠在忠義之上。舉世同欽的大孝王祥，便是助成司馬氏陰謀篡位的一人〔註二〇〕。

孝弟的觀念經長久的宣揚表彰，一種意識形態的傳統力量，也足以引起巨大影響。因此歷代也有許多孝弟的人。如漢劉平、趙咨，晉李密、庾袞，宋張敷，齊崔懷慎，梁荀匠，陳殷不害兄弟，北魏趙琰，隋王頒，唐崔沔，宋陳致，金王震，元趙鏞，明鄭濂等等多人。這些人多爲地主士族。——但事實上，歷代孝弟的平民卻更多至不勝枚舉，如漢江革、淳於恭等，晉許孜等，宋劉瑜、郭世道等，梁韓懷明等，北魏王崇等，北周荊可等，隋華狄等，唐李興、陳饒奴等，宋甄婆兒劉孝忠等，金陳顏等，元寧豬狗、李家奴等，明視昆、于歪頭等，較之世家巨族多至不知凡幾〔註二一〕。而最高的豪門華族孝弟的人反而很少。如南朝王謝累世勳赫，但見於正史孝義傳的不過謝藺謝貞兩人而已。——這，正可以看出階級與道德上的矛盾。

世族高門的孝弟，大都表現在厚葬、久喪、推財、讓爵或光耀先人的行爲上；而哀哀細民轉多是賣身葬親，割股療疾，以身代死，苦役養親等偉大的自我犧牲的苦行上。其難易之分，也更可以看出孝弟的實踐，在兩種不同的階層裏的厚薄。

而且，在歷史上我們可以發現官僚士大夫對於孝弟的逃避行爲。即就三年喪而論，事實上亦不盡然。或以二十五月計算〔註二二〕，或設辭規避，漢文帝後凡公卿大臣皆不行父母喪。翟方進遭母憂，自以備位宰相，三十六日即除服視事〔註二三〕。南北朝以後，大官又多藉政務爲口實，「奪情起復」。南齊蕭坦之居母喪，起復爲領軍將軍，唐張九齡喪母奉詔起復，宋之趙普、楊億、夏竦、史嵩之〔註二四〕，明之張居正〔註二五〕，皆是如此。連清代中興名臣理學家曾國藩，居喪在籍也起而辦團練圖功。由此可知三年喪也幾成騙局。無怪身爲胡人後唐明宗也嘆息：「儒者所以隆孝悌，無金革之事而起復，可乎？」至如魏晉名士喊的『禮豈爲我設邪？』居喪飲酒食肉，更是逃避的高調。——孝弟，只是君主士族世家維持社會秩序的工具，表彰提倡並不見得如何貞純，表現得怎樣熱誠，在細民中，倒將天倫間的眞情表現爲素樸的犧牲的行爲。

三　王權・君臣・忠烈

中國自私有制發生，氏族社會分解，奴隸王朝的殷周相繼，最大的奴隸主是「王」。秦漢以後的封建帝國的皇帝，直到半封建性的民國的大總統，仍一貫的是王權的代表。

王在經濟上是最大的財富占有者。『貴爲天子，富有四海之內』；『王者以天下爲家』；劉邦自己明明將天下看成自己的私產，後世小氣的皇帝甚至還直接設置御苑、皇莊。在政治上，王有最高的統治權，君臨天下，統治萬民。在宗教上，王又是「天子」，「受命於天」的人，可以普祀天地神祇的大祭司。故喪服上說：『君，至尊也。』

王權是由氏族的父權轉化而來，氏族聯盟轉化爲奴隸王國，氏族長便成了王。殷周的天子便是最高的奴隸主，雖然高高在上，但其外仍有別的奴隸國家的王。如徐王楚王，下有次級的侯伯。王權尙非絕對的權威，要到封建制國家的皇帝，王權才擴張得更大。

爲保持王、帝及其統治層的位勢，必須臣下的服從。以強制奴隸的勞動，庶民的賦役。除兵、刑之外，在意識形態上倡出了「忠」的倫理觀念。忠於君則不致作亂犯上動搖其統治。「忠」便成爲維護其政權的最好工具，而爲歷代明君賢臣所詔諭與表揚。

周王朝的王權是以周族爲基幹，故力行宗法。宗周即所以忠君。春秋戰國之際周的王權式微，儒者們便創出「忠」的德目。（早期儒者所謂的忠，不專指忠君。如論語學而『爲人謀而不忠乎？』顏淵『居之無倦，行之以忠。』忠於人，忠於職守均是。孔子的仁，亦包括忠的涵義如『殷有三仁焉』）。但早期儒者所創導的「忠」，尙爲相對的義務，而非片面的無條件的服從。如孔子說『君使臣以禮，臣事君以忠。』（論語爲政）『君君，臣臣』。「臣不臣」固然不可，「君不君」亦不行（顏淵），孟子亦謂『君臣有義』若『君之視臣如手足，則臣視君如心腹；君之視臣如犬馬，則臣視君如國人；君之視臣如土芥，則臣視君如寇仇』（孟子離婁下）武王誅紂只算誅了賊仁賊義的匹夫，而不認是弒君（梁惠王下）。『非其君不事……不立於惡人之朝』（公孫丑下），若有伊尹之志，則可放逐其君（盡心上）；

故主張『貴戚之卿……君有大過則諫，反復之而不聽則易位。……異姓之卿……君有大過則諫，反復之而不聽則去』(萬章下)。『無罪而殺士，則大夫可以去；無罪而戮民，則士可以徙。』(離婁下)以爲『民爲貴，社稷次之，君爲輕。』(盡心下)(但孟子所貴的民，仍指士君子，非指庶人小人而言)。這與孔子說的『爲君難，爲臣亦不易』，同樣的近情合理。

戰國後期，統一的封建帝國漸見形成，王權漸次加強。法家對現實政治較儒者更爲敏感。首先創導尊君『明主在上位，有必治之勢。則羣臣不敢爲非。……故明主操必勝之數，以治必用之民；處必尊之勢，以制必服之臣』(管子明法解)。荀子謂『天子者，勢位至尊，無敵於天下』(荀子正論)。韓非以君主要『獨制四海之內』(有度)——至秦統一，尊號稱皇帝，漢高定朝儀，立帝廟，皇帝便爲神聖不可侵犯的元首。自此王權便統括了行政立法司法考試監察一切最高權力。在臣民的眼中，『天下迺是天之天下，陛下上爲皇天子，下爲黎庶父母。爲天牧養元元』〔註二六〕。而非先秦儒者的舊說了。今文學者董仲舒提出「君爲臣綱」之說，博士狄山自稱「愚忠」〔註二七〕，此後之忠乃是惟君所命。說苑所謂『逆命利君謂之忠。』其後則變爲『君要臣死，不得不死』的情形。無怪明太祖讀到孟子君臣草芥寇讎的話，大怒。要想罷他的廟享，而終於刪削其書爲「孟子節文」〔註二八〕了。

忠的理論發展雖如上述，但在實際上，却有兩重矛盾。一即封建社會的君臣關係是單層的，效忠於主不必效忠於皇帝；第二，大族世家視家重於國；雖更朝易姓並不死忠，但保其家之永固。

先就封建社會的構成而言——他是多層的君臣從屬關係，如金字塔式的結構。漢初有藩國與郡縣，藩國大者夸州兼郡連城數十。宮室百官同制京師〔註二九〕，且各自紀年〔註三〇〕，已自成一小國家。漢武以後雖地分權削，但郡縣亦似封君，分地旣大，各自置吏。且操生殺之權〔註三一〕。東漢末年之州牧以及魏晉南北朝之王侯刺守，大致亦同。唐代之藩鎮同樣擅土地人民財富甲兵割據一方〔註三二〕。宋以後雖以商業資本之發展促成中央集權之趨勢，但南渡後之帥臣在其安撫宣慰司內，亦儼然唐之藩鎮。至於元代之親王功臣皆有其封土人民官屬以及立法之權〔註三三〕，子孫世襲，甚至連州縣官亦如此〔註三四〕。明初宗藩之權勢不亞漢初〔註三五〕。中葉後雖成空名，但其後明清之督撫，封疆一方，亦擅民財軍事外交之權。直到民國之督軍，亦皆如此。實皆非眞正的統一帝國，本質上仍是封建的統一局面。——這種疊層的封建政權，其從屬的關係亦表現了疊層的君臣觀念。春秋時晉欒氏之臣辛俞行曾說三世仕欒氏，敢忘其死而叛君乎？漢鄭郅明說出太守與主簿是君臣的名分。劉宋時武陵王誕長史范義，寧死不肯逃走：『吏不可以叛君』。唐之節度使與其僚屬亦皆如此。安祿山等雖死，魏博田承嗣尙爲之立廟。『以意氣微恩，致其私感……屬吏之於長官亦有君臣之分，……氣節相矜，並至有甘以身殉其主者……甚至有爲舉主及長官持服者……六朝猶沿漢時長官得自置吏之制，而爲所置者輒有君臣之分，抱節者雖能周旋忠難，究何益於公家？桀黠者且至傾心於其主……出死力以抗朝廷……』〔註三六〕。後世情形依然一樣。直至今日，許多派系的官僚軍隊，仍只知有某總司令。忠於軍閥政客個人，而並不忠於國家。故忠的倫理意義，在實際上往往不如理想的那樣忠於最高的元首。

另一方面，「忠」的提倡的結果，殺身殉主的士大夫，當然代有其人。如漢龔勝絕食不事王莽，李業等自殺不事公孫述，王允死李傕之亂，毋丘儉等討司馬師、鞠允，袁粲、顏杲卿、張巡等……〔註三七〕，皆其著者。但究竟爲數無多。大抵於易姓鼎革之際，佯作懷忠戀舊，即被目爲忠臣，結果依然再仕新朝。如漢楊彪爲魏光祿大夫，司學孚爲晉安平王進拜太宰，晉徐廣入宋爲中散大夫，宋謝朏入齊乞爲義興太守，王琨入齊加侍中，齊袁昂仕梁爲侍中，東魏裴讓之入北齊爲淸河太守，北齊傅伏入周爲帳州刺史，北周竇熾入隋爲太傅，陳許善心入隋拜散騎常侍，『自漢魏易姓以來，勝國之臣即爲興朝佐命久矣，習爲固然。其視國家禪代一若無與於己，且轉藉爲遷官受賞之資，故偶有一二耆舊不忍遽背故君者即已嘖嘖人口，不必以身殉也』〔註三八〕。自漢以來，世家大族皆以門戶爲重，不僅殉忠者少，每每更助成篡弒。王船山說：『晉宋以降，爲大臣者，怙其世族之榮，以瓦全爲善術，而視天位之去來如浮雲之過目。故晉之王謐，宋之褚淵，齊之王晏、徐孝嗣，皆以世臣而託國者也。乃取人之天下與人，恬不知恥，而希佐命之功。風教所移，遞相師效。以爲固然，而務其通識。』『擁大位以爲私門傳家之物，君屢易，社屢屋，而磐石之家自若。於是以苟保官位爲令圖，而視易姓易服如浮雲之聚散』〔註三九〕。南朝王謝屢世顯赫，而助成篡弒大都出於此兩家，如王謐、謝晦、謝朏、王儉等皆預逆謀。大族只知保家，絕無忠君愛國之念。齊明帝將篡時，謝朏出爲吳興太守，送酒給他弟弟：『可力飲此，勿預人事。』齊馬仙琕仕梁，且曰『小人如失主犬，後主飼之，便復爲用。』說者或謂至宋士大夫始以節義爲重，實則亦不盡然。靖康之禍，金人曾嘆息『遼國之亡，死義者數十，朝南獨李侍郎一人』，除李若水外，亦不過張叔夜等人〔註四〇〕。南宋帝㬎時，蒙古兵逼近臨安，同知樞密院曾淵子等數十人先逃，朝中爲之蕭然。氣得太皇太后詔告朝堂：『二三執政又不能倡率臣工，方且表裏合謀，接踵宵遁。平日講聖賢書，自許謂何？乃於此時作此舉措，生何面目見人？死何面目以見先帝？』〔註四一〕死難是不過文天祥謝枋得諸人。不僅巨公大僚降元，即理學家許衡等亦早在「用夏變夷」的假面具下，爲蒙古謀治平之道。明亡大臣在燕京死李自成之難者雖有范景文以下二十餘人〔註四二〕，但先降李自成，復降滿清者更不知凡幾。即起初未降的後也被博學鴻辭一科括盡。即使有極少數甘做遺老的，但等到清朝局面已定，爲保持門第家第計，不得不讓子弟做官。所謂「遺民不傳代」，眞是可哀亦復可恥的理論。在平民之中，往往倒有壯烈殉忠的忠臣志士。如齊國王蠋，漢初周苛、紀信；唐之尙霽雲，梁之王彥章〔註四三〕，在反抗異族的侵略中，宋代忠君愛國的義軍最盛，大河南北的巡社，忠義社與金人血戰多年〔註四四〕，滿淸入關，各地的明兵固極多，而流寇餘黨李定國李赤心等追隨桂王抗淸苦戰了近二十年〔註四五〕——這，也就對「忠」在階級分野上給以吾人更多的啓示。

四　夫權·妾婦·貞節

中國歷史發展的初期，曾有過母系的氏族社會〔註四六〕，但自父系氏族社會後，直至今日，始終是以男性爲中心。婦女便永被視爲奴隸或資產。因爲在私有制成立後，婦女因生理的特殊，漸次失却了經濟上的獨立的地位。

男女性別很早便成了尊卑的劃分，『乾，天也，故稱乎父。坤，地也，故稱乎母』（易，說卦）。『天尊地卑，尊卑定矣』（易，繫辭）。『男尊女卑，故以男爲貴』（晏子春秋天瑞）。因此在家族與社會中，婦女沒有獨立的人格。孟子說：『女子之嫁也……必敬必戒，無違夫子。以順爲正者妾婦之道也。』只有順從的本分。男性的尊貴，表現於夫權。喪服上說『夫，至尊也。』因此夫對妻有極大的處置權，可以自由鬻賣，可以驅逐，「七出」之條寫明了『婦女七去：不順父母去，無子去，淫去，妬去，有惡疾去，多言去，竊盜去』（大戴記本命解）。至於毆打是極平常的事。女人只能奴役於丈夫。『婦女言服也，服事於夫也』（爾雅釋親）。侍巾櫛、主中饋是她們的本分。而不許干預大事，否則，即譏爲『牝鷄司晨，惟家之索』（書，牧誓）。春秋葵丘之會規定婦人不得預國事〔註四七〕，宋仁宗心愛的掌梳頭的宮女，只說了一句諷刺臺諫的閒話，便被遣出宮門〔註四八〕。——在家庭中，「父」「夫」「子」便是夫權的三代，故後世儒者即提了「三從」理論：『女者，如也。子者孳也。女子者言如男子之教而長其義理者也。故謂之婦人。婦人伏於人也。是故無專制之義，有三從之道。在家從父，適人從夫，夫死從子。無所敢自遂也』〔註四九〕。一生都得聽從於男子。——迨至漢曹昭作「女誡」，更提倡委曲求全不問是非的「曲從」：『勿得違戾是非，爭分曲直。此則所謂曲從矣。』朱子說：『女子以順爲正，無非是矣。有善則亦非其克祥可議之事也。惟酒食是議而無遺父母之憂，則可矣。』〔註五〇〕

自奴隸社會以後，婦女既居奴隸或資產的地位，則男性專一占有的要求自屬必然。這在倫理上，即爲女子的「貞」。易恆卦象曰：『婦人貞，吉，從一而終也。』『壹與之齊，終身不改，故夫死不嫁。』（禮記郊特牲）王蠋說：『烈女不更二夫。』故「女誡」說：『禮，夫有再娶之義，婦無二適之文。故曰夫者天也，天固不可逃，夫固不可離也。』（專心）丈夫不僅可再娶，且可廣置媵妾。女人連嫉妒都不許，七出之條『妒者去』。晏子說：『爲妻之道，使其衆妾皆得歡忻於夫，謂之不嫉。』〔註五一〕——爲要保持專有，故對女性的防閑無微不至。『男女不雜坐，不同椸枷，不同巾櫛，不親授，叔嫂不通問。』（禮記曲禮）『不共湢浴，不通寢席，不通乞假。男女不同衣裳；內言不出，外言不入。女子出門必擁蔽其面，夜行以燭，無燭則止，道路男子由右，女子由左。』（禮記內則）自後對婦女的貞操之拘束，日見加深。

從先秦以來的歷史考察，宋以前對貞操的觀念，實際上並不嚴格。自由戀愛，婦人改嫁的事平常習見。孔子的兒子伯魚死，其妻嫁於衞〔註五二〕。晉聲伯嫁外妹於施孝叔，後又奪歸嫁郤犨。郤氏亡，晉人將她歸於施氏〔註五三〕。晉重耳在秦納寡婦懷嬴〔註五四〕。秦始皇生母與呂不韋嫪毐私通〔註五五〕。漢高后呂氏與辟陽侯有私，漢高之薄后爲魏豹宮人，武帝母王太后先嫁金王孫，武帝呼姊館陶公主的私夫董偃爲「主人翁」，帝女鄂邑蓋公主私通丁外人。漢代公主貴人此類故事甚多〔註五六〕。張耳妻與前夫決絕嫁張耳，朱買臣妻求去再嫁，東吳步夫人長女先嫁周循，後改嫁全琮；小女先嫁朱據，後嫁劉纂。駱統母改嫁華歆。西晉羊后後爲劉曜后，羊琇家男女無別，宋海鹽公主與始興王濬有私，和本夫吵架。山陰公主有面首三十人。齊鬱林爲其母王太后置男三十人。北魏男女社交，內外相混。北齊武帝胡后與和士開私通，宮闈極亂。唐代公主再嫁三嫁者極多。周郭威四娶皆再醮婦。宋范仲淹母亦曾改嫁。王安石因其子有神經病，擇壻而嫁其媳。陸游妻唐氏改嫁趙士珍〔註五七〕。由此可知自春秋至宋的皇室貴族以及名士，對於貞操的看法並不如理論那末認眞。戀愛、社交、改嫁、娶寡婦都不希奇。——皇族人臣家殺身殉節的當然也有，如虞姬，皇甫規妻，晉賈渾妻宗氏，梁緯妻辛氏等。守節不改嫁的如劉長卿妻，曹文叔妻令女等〔註五八〕。特別是北朝的高門，頗重禮法。如裴倫妻柳氏，襄城王恪妃柳氏，趙元楷妻崔氏，皆以死殉節〔註五九〕。河東柳氏，淸河崔氏皆北朝以來的名族。家敎甚嚴。——另一方面，在平民之家，也多有慷慨捐生從容殉節的女人如漢許升妻呂榮樂平子妻〔註六〇〕等，北魏兒先氏等〔註六一〕。北齊孫神妻陳氏等〔註六二〕，唐符鳳妻玉英等〔註六三〕，宋代郝節娥等人〔註六四〕，皆是好例。

貞節觀念至宋朝漸盛。宋明諸理學家提倡甚力。有人問程伊川說孀婦於理似不可娶。伊川說『若取失節者以配身，是己失節也』，又問若有孤孀貧窮無託者可再嫁否？他說：『只是後世怕寒餓死。故有是說。然餓死事極小，失節事極大』〔註六五〕。明王節作「婦女捷䌷錄」，其貞節篇：『忠臣不事兩國，烈女不更二夫。故一與之醮，終身不移。男可重婚，女無再適。是故艱難苦節謂之貞，慷慨捐生謂之烈。』

自後魏以來，烈女的事蹟聞於朝廷，往往有詔表旌。免其家賦役，或旌其門閭。但不很顯著重視。

到明朝，朱元璋是一個有「性的虐待狂」(Sadism)的人。平生操幸婦女甚多，臨死且迫后妃自殺殉葬〔註六六〕。全盤暴露了流氓極端的占有慾。因此，大明會典載洪武元年令：民間寡婦三十以前夫亡守制，五十以後不改節者，旌表門閭。除免本家差役。『著爲款條。巡方督學，歲上其事：大者賜祠祀，次亦樹坊表。烏頭綽楔，照耀井閭。乃至僻壤下戶之女，亦能以貞白自砥』〔註六七〕。清代亦沿其制，切實施行。從此貞女烈婦便多到不勝數計。貞節牌坊便林立於通都大邑，窮鄉僻壤。上自名公巨卿之家，下至赤貧寒微之戶皆有慷慨捐生，白頭定貞的人。明史著錄於實錄及郡邑志者不下萬人〔註六八〕。清代當然不會少於此數。小民不免有藉此覃恩免役的。社會既以爲榮，因此名門大族往往有餓死其女旦報絕食殉夫的慘劇〔註六九〕。本來夫婦間有其愛情，但在男權的陰影下，以倫理的鎖鍊來保持女性的全盤的占有，而特定出「貞節」。由這一個觀念，漸次道德化、宗教化、法律化。嚴酷到殘忍的虐殺。根本上早已脫離了道德的境界了。

五　朋友・階級・信義

五倫的最後一種爲朋友。所謂『天下之達道五……君臣也，父子也，夫婦也，昆弟也，朋友之交也。』(中庸)父子兄弟有血緣的關係，夫婦有性愛的關係，君臣有主從的關係，而朋友則爲各種社會關係的結合。個人與個人之間雖爲自由志趣的聯繫，人數雖不必多，但其間實具同一階級的關係。

人類在生產過程中本需羣體的合作。共同的勞動中互助互濟自然產生相互間的友情。故上古詩人曾有『雖有兄弟，不如友生』的歌詠。階級社會形成後，朋友之交便局限於同一階級內志慮與利害關係相近的人的結合。易繫辭所謂的『君子上交不諂，下交不黷』，孟子所稱『不挾長，不挾貴，不挾兄弟。而友者，友其德也，不可以有挾也』。以及認堯與舜迭爲賓主是天子交於匹夫。實際上是指「君子」之類的人，而非指「勞力」「治於人」的「小人」而言。雖說『四海之內皆兄弟也』，但又稱贊『非其友不友』爲美德。王符說得好：『富貴則人爭附之，此勢之常趣也；貧賤則爭去之，此理之固然也。夫與富貴交者，上有稱譽之用，下有貸財之益；與貧賤交者，大有賑貸之費，小有假借之損……故富貴易得宜，貧賤難得適。好服爲之奢侈，惡服謂之困厄。徐行謂之饑餒，疾行謂之逃責。不候謂之傲慢，數來謂之求食。空造以爲無意，奉贄以爲求貸。恭謙以爲不肖，抗揚以爲不德。……嘉會不從禮，餞御不逮衆。貸財不足以合好，力勢不足以仗急。……則人無故自廢疏矣。漸疏則賤者逾自嫌而日引，貴者逾務黨而忘之。』〔註七〇〕明指出富貴貧賤相交幾不可能。何況階級身分森嚴更難締交。三國時，士族劉巴不理張飛，諸葛亮勸他稍階張飛說說話。劉巴說『丈夫處世，當交四海英雄，如何與兵子共語』〔註七一〕。南齊世族王儉與寒微出身的敬則同拜開府，儉認爲恥與爲伍。說這等於史記將老子與韓非同傳〔註七二〕。由此可見一斑。只有在春秋戰國，新舊階級興廢的轉形期，交誼的關係比較錯綜。「耕戰之士」的士與流氓行態的「客」，以及與卿大夫士之間常有朋友之交。如魏信陵親自接侯嬴，步訪博徒賣漿的毛公薛公〔註七三〕；但也非絕對平等的地位。封建社會形成後，階級的劃分已隔絕了友誼的建立。所有好客的人多是『座皆名士，門無雜客』的情形。偶有一二人與細民相交，舉世便目爲異數了。

白虎通三綱六紀篇：『朋友者，何謂也？朋者黨也；友者有也。禮記曰同門曰朋，同志曰友。……貨則通而不計，共患難而相救……』將先秦以來儒者眼中的朋友之關係與相互義務作了總括的說明。孔子謂『君子以文會友，以友輔仁』。劉歆新議更謂：『才非交不用，名非交不發，身非交不立。』故『交之於人也，猶唇齒之相濟。』是即將朋友目爲同黨。以輔仁，立名，用世，處身，通財，相濟，而互相保有。這是雙方的關係與義務。雙方所必須遵守的道德是「信」「義」（漢以前多用「信」字，以後多用「義」字。有子曰：『信近於義，言可復也』）。恃信義以保障彼此實踐其義務。孔子曰『朋友信之。』曾子亦常自問：『與朋友交而不信乎？』子夏亦謂：『與朋友交，言而有信。』（均見論語）荀悅「申鑒」說『君子有常交曰義也，有誓曰信也。』（雜言下）皆是此意。

朋友信義深厚的代不乏人。如漢雷義與陳重深交，當時人嘆羨說『誰謂膠漆堅，不如雷與陳。』通財相濟的如管仲鮑叔，魯肅指囷助周瑜，巢範捨死救魏滕。爲友報仇者：如郅鄆爲董子張報父仇，手取讎頭以示之；何顒爲虞偉復父仇，以讎頭祭偉墓。託孤經喪者：如任末，其友病死洛陽，親推鹿車載其屍歸葬。紀瞻於陸機被誅後，恤其家，嫁其女。力爲入仕者：如應詹力薦韋泓於晉元帝，後至少府卿。蕭昕力薦張鎬於唐玄宗，擢拾遺。數年間，出入將相[註七四]。這種例子甚多。

若細加分析，所謂「朋友之交」，更包括各種不同的社會關係：(一)師生（朱子語類力行門：『師與朋友同類……人倫不及師者，朋友多而師少，以其多者言之。』）——其關係常被目爲同黨。如范仲淹貶官，尹洙上奏曰臣與之義兼師友，則是仲淹之黨也。今仲淹被罪，臣不可苟免[註七五]。即其明證。後漢禮震乞代其師歐陽歙死[註七六]。晉王裒爲其門生求免赴役[註七七]。五代時楊凝式以後事託門人成同文[註七八]。宋韓侂冑力薦其師陳自強，不四年拜相[註七九]。(二)同學——同師受業或共學。如蘇秦與張儀同師鬼谷，秦陰資儀費用俾得用於秦。北周鄭譯與楊堅同學促成其篡周；宋元興待同學趙安仁甚厚，死後安仁以金帛濟其家[註八〇]。(三)同鄉——所謂鄉里鄉人。石勒稱趙王，召武鄉父老歡飲，並邀少年時打架朋友李陽來，賜第封官；張道門被誅，同鄉曹景宗往武陵收葬之。文天祥與劉子俊同里，天祥開府，子俊補宣教郎。兵敗子俊被執冒充天祥，使天祥易逃走。會天祥亦被俘，途中相遇，各爭眞僞。子俊終被烹[註八一]。(四)同事——所謂僚屬、故吏之類。漢張湯爲廷尉，兒寬除從史，後張湯爲御史大夫以寬爲椽；北齊袁聿修在郎署時，趙彥深爲水部郎中，同在一院。漸成好友，彥深被汰，聿修以舊情時與往來；唐王鉷被罪死，無人敢問。裴寬爲殮葬〔註八二〕。座主門生與同年——唐宋以後科舉取士，舉子以知貢舉者爲座主，恩師或恩門，或稱門生。各爲朋黨〔註八三〕。互相援引。如五代和凝薦所舉士張誼於桑維翰，拜左拾遺；宋張錫舉進士，後座主任隨死而無子，錫屢賙其家；明申時行被許國的門生萬國欽所劾，時行門生任讓亦劾許國所部〔註八四〕。可見其關係之切。又舉士同屆中第的互稱爲同年，亦互相勾接，提攜袒護。如唐穆宗將誅皇甫鎛，宰相令狐楚蕭俛以同年進士，保護之〔註八五〕。溫仲舒廢黜，呂蒙正與同年。時居中書力援之得復用。滕言諒與范仲淹同年，仲淹召試學士院，改大理寺丞〔註八六〕。——由上舉史實，可知所謂朋友關係除志趣相同的交情外，其他如師生同學類似封建制下的父子兄弟關係，係屬故舊座主門生賓客近於封建的主從關係；同鄉則爲鄉土的類乎血緣的關係。朋友之交的信義上，除了通財、互助、護官、代死、賙濟、喪葬等確爲人類友情的表現外，他如互相勾接、援引、薦舉、護短、朋黨，以及陰謀篡位等行爲，實質上，不過是封建地主士大夫利用各種錯綜關係而爭權奪利的罪行而已。

這種藉各種關係而着眼於勢利的友誼，當富貴貧賤懸殊或變化的時候，往往不易維持。馮驩說：『富貴多士，貧賤寡友，事之固然也。』〔註八七〕最確！昔時向柳與顏竣要好，後竣貴，柳對他態度一如往昔隨便。范璩忠告他：『名位不同，禮有異數，卿何得作曩時意邪？』柳說，『我與士遜心期久矣，豈可一旦以勢利處之。』後柳以事下獄，求竣申救，竣終不理，柳遂伏法〔註八八〕，便是一個好例。這種情形，歷代皆然。無怪張謂嘆息：『世人結交須黃金，黃金不多交不深；縱令然諾暫相許，終是悠悠行路心。』——若在雙方利害相衝突時，往往更演出交惡甚至賣友的慘劇。如張耳陳餘本爲刎頸交。後因救鉅鹿之圍交惡，終致相攻。張耳降漢，與韓信攻殺陳餘；盧綰與劉高祖同鄉同日生，自幼至長日夕不離。封燕王。後看見韓信等被誅，不敢赴召逃往匈奴；酈寄與呂祿交厚，寄騙祿出遊，周勃得奪北軍盡誅諸呂；韓馥以冀州返袁紹，終失冀州；王導恨周顗不救己，默許王敦殺周顗；尒朱兆以六鎮精兵付高歡，終爲高歡所斃；翟讓以兵合李密，終爲密所誅；王安石提攜呂惠卿執政，惠卿終擠走安石；明朝楊善與章樸同獄相好，善聞樸藏有禁書方孝孺集。乃告密，楊善出獄，而樸被誅〔註八九〕。——由此可知封建社會士大夫官僚的信義並不可靠。

反之，在庶民下士中，「義」往往是最高的美德，不惜殺身以赴。聶政專諸荊軻高漸離的故事，固盡人皆知。後世又有結義的兄弟，相傳漢代越俗好友，脫頭上巾，解腰間佩刀互相貽贈，於山間大樹下，封土爲壇，殺白狗丹鷄等爲祭，交拜定交。有誓言：『卿雖乘車我戴笠，後日相逢下車揖；我雖步行卿乘馬，後日相逢卿當下。』〔註九〇〕其後，流氓無產者往往有此行爲，如隋末單雄信與徐勣等即結爲兄弟〔註九一〕。宋元間的江湖人物，正如水滸傳所描寫的，他們把「義氣」遠看作忠孝之上〔註九二〕。士大夫則不然。迨至後世受了三國演義的影響，民間結義的更多。特別是含有宗教性的秘密結社裏面。他們的信義最篤，友誼最深。鷄肋編記宋代摩尼教友『人物用之無間，謂之一家。』明代白蓮教友『情若室家，義同生死』〔註九三〕。天地會中的兄弟義氣最重〔註九四〕。洪秀全和初起的幾個人也是結爲兄弟的。——當然，這種「義」重於忠孝的倫理在下層社會既然如此，作用足以團結力量，很有礙於統治。故滿淸入關卽嚴厲禁止。大淸會典載順治十八年令凡歃血盟誓結拜兄弟者着卽正法，康熙十年更規定歃血結拜弟兄者，不分人之多寡，照謀叛未行引律，爲首者擬絞監候，然後補決。爲從者杖一百，流三千里。其止結拜弟兄無歃血焚表等事者，爲首杖一百徒三年，爲從杖一百。由此可以想知：同一道德範疇的「義」，在不同的階級意義上表現了如何的分歧！

六　提倡·矛盾·揚棄

綱常之說自漢以後屢世提倡表揚，明君聖主的詔諭，大臣言官的奏疏，孜孜以綱常爲念，宋朝以後的理學家又以扶持綱常爲事。程伊川以爲人倫卽是道。『或問道之大本如何求？某告之以君臣父子夫婦兄弟朋友，於此五者上得樂處便是。』〔註九五〕朱子也把它看作宇宙之理。『宇宙之間，一理而已……其張之爲三綱，其紀之爲五常，蓋皆此理之流行，無所適而不在。』『父子兄弟夫婦皆是天倫自然』〔註九六〕。連蒙古皇帝仁宗也懂得『儒者可尙，以能維持三綱五常之道也』〔註九七〕。元淸兩代的理學家，對春秋「尊王攘夷」之敎放棄了攘夷，而來維持綱常，遂得爲異族統治者所重用。可以想見綱常對於統治層的重要。

綱常的提倡確也發揮了他的功效，漢代倡忠孝使王莽終不能安享天下，光武得以中興；司馬昭『以孝治天下』的口號，對抗曹氏許用「不仁不孝」的人治國的政策，而博取大族的支持以篡魏。男權的理論，使武則天終不以武三思爲儲君不得不召回唐中宗，——皇帝以「忠」來固其一家之國祚，大族以孝弟以保其一家之鞏固，男子以「貞」來保持女性專一的占有，地主士大夫官僚藉朋友之交來維繫其權益。雖然綱常的力量亦有其限度，但兩千多年來，社會秩序曾獲得相對的穩定，綱常的觀念不無作用。

從歷史的發展看：由於封建制本身的矛盾，綱常又隨時暴露了他的矛盾，特別是階級的矛盾。有時實無力而可笑。黃巾亂起，滿朝君臣惶惶然不知所措。偏偏有一位迂儒向闕上書，說不必出兵，只須在黃河邊上向賊讀孝經，黃巾便會消滅〔註九八〕。有時又顯得虛僞得可哀；如三國時吳國趙母嫁女，囑以『愼勿爲好。』女曰：『不爲好，可爲惡邪？』母曰：『好尙不可爲，其況惡乎？』〔註九九〕

自雅片戰爭後，中國又經入一次亘古未有之巨變。舊的封建社會漸次蛻解，因之封建性的倫理也漸見揚棄。忠君的觀念或已不復存在，縱然被少數軍閥政客所培植於其部下以便忠於一己，也適足障礙社會的進步。繁瑣的孝道如久葬厚葬，亦爲今日複雜的社會生活所不許。婦女片面的貞操已爲覺醒的男女所痛斥。『人心不古，世風日下』，並非人類正義的喪失，而正好說明傳統的倫理思想已不能適應新的社會情況，伴隨他的基礎而浮動而揚棄。雖然近些年來有不少巨公遺老在提倡禮敎，或含有舊倫理意義的某種運動，但假如細察這些人的家庭內情或其私生活，不難知道這些行爲正是心理學上的「補償作用」(Compensation)的表現。

舊的倫理決不能延續，中國產業資本至今未發展，致令類乎等價交換的權利義務交織的資本主義國家的倫理，亦無建立的基礎。現社會的倫理思想已呈虛脫或混亂的狀態，新的倫理必須重建於新的社會基礎上。沒有民主的政治，不會有愛國之忠；沒有均富的社會，不會有純正的朋友之義；沒有解放的婦女，不會有純潔的愛情。這一切，都有待於明天！

註：[一]詩，文王。 [二]孟子滕文公下。 [三]史記周本記。 [四]管子五輔篇。 [五]詩，玄鳥、長發、殷武、文王、大明、閟宮等篇。 [六]尙書湯誓、泰誓下、牧誓。 [七]左傳昭公七年。 [八]禮記祭法。 [九]國語齊語。 [一〇]春秋繁露，基義篇。 [一一]班固白虎通，三綱六紀篇。 [一二]王國維觀堂集林，殷周制度論。 [一三]參見諸史孝友傳或孝義傳。 [一四]趙翼陔餘叢考卷三九累世同居。 [一五]明史孝義傳。 [一六]同註十四。 [一七]瞿宣穎中國社會史料叢鈔葉六三五族居制度。 [一八]同註十四。 [一九]晉書王導傳。 [二〇]晉書王祥傳。 [二一]參見後漢書各本傳，晉書孝友傳，宋書齊書孝義傳，梁書陳書孝行傳，北周書隋書孝義傳，唐書孝友傳，宋史孝義傳，金史元史孝友傳，明史孝義傳。

[二二]顧炎武日知錄卷五，三年之喪。　[二三]陔餘叢考卷十六漢時大臣不服父母喪。　[二四]陔餘叢考卷二七起復。　[二五]明史本傳。　[二六]漢書鮑宣傳。　[二七]漢書張湯傳。　[二八]明史錢唐傳。
[二九]漢書諸侯王表序。　[三〇]趙翼二十二史劄記卷二漢時諸王各自紀年。　[三一]趙翼陔餘叢考卷十六漢初分郡之大，郡國守相得自置吏，刺史守令殺人不待奏。　[三二]二十二史劄記卷二十唐節度使之禍。　[三三]吳晗元代之社會，载清華社會科學第一卷第三期。　[三四]二十二史劄記卷三十，元初州縣官多世襲。　[三五]二十二史劄記卷三二，明初分封宗藩之制。　[三六]陔餘叢考卷十六，郡國守相得自置吏。　[三七]參見漢書龔勝傳，後漢書李業傳，王允傳，三國志魏志毌丘儉傳，晉書嵇紹傳，宋書袁粲傳，唐書顏杲卿張巡等傳。
[三八]陔餘叢考卷十七，六朝忠臣無殉節者。　[三九]王船山讀通鑑論卷十七，卷十八。　[四〇]陳邦瞻宋史記事本末卷五七，二帝北狩。　[四一]宋史記事本末卷百六蒙古陷襄陽。　[四二]明史卷二六五范景文等傳。
[四三]分見史記田單傳，漢書高祖記，周昌傳，唐書南霽雲傳，五代史王彥章傳等。　[四四]宋史宗澤傳，李綱傳，岳飛傳，王彥傳等。　[四五]明史桂王常瀛傳附由榔傳，何騰蛟傳等。　[四六]劉師培氏族原始論，载國粹學報第四期。　[四七]穀梁傳僖公九年。　[四八]朱弁曲洧舊聞。　[四九]大戴記本命篇，禮記郊特牲略同。　[五〇]詩小雅斯干篇朱注。　[五一]晏子春秋內篇諫下。　[五二]禮記檀弓。　[五三]左傳成公十一年。　[五四]左傳僖公二十三年。　[五五]史記呂不韋傳。　[五六]參見二十二史劄記卷三呂武不當並稱，漢初后妃多出微賤，漢公主不諱私夫。　[五七]分見漢書張耳傳，朱買臣傳，三國志吳志后妃傳，華歆傳，晉書羊皇后傳，羊琇傳，二十二史劄記卷十一宋世閨門無禮，卷十五北齊宮闈之醜，魏書高允傳，新唐書公主傳。二十二史劄記卷二二，周祖四娶皆再醮婦。宋史范仲淹傳，宋人軼事彙編卷十王安石條引東軒筆錄，卷十七陸游條引齊東野語。　[五八]分見史記項羽本記，後漢書列女傳，晉書列女傳，三國志魏志曹爽傳注。　[五九]

隋書列女傳。　[六〇]後漢書列女傳。　[六一]魏書列女傳。　[六二]北史列女傳。　[六三]新唐書列女傳。　[六四]宋史列女傳。　[六五]二程遺書雜錄。　[六六]二十二史劄記卷三二明宮人殉葬之制。　[六七]明史列女傳序。　[六八]同上。　[六九]清人某筆記小說。忘其名。　[七〇]潛夫論交際篇。　[七一]三國蜀志劉巴傳注。　[七二]二十二史劄記卷十二江左世族無功臣。　[七三]史記信陵君傳。　[七四]分見史記管仲傳，後漢書雷義傳、鄭玄傳、何顒傳、任末傳；三國志魯肅傳、吳範傳；晉書紀瞻傳、應詹傳；唐書蕭昕傳。　[七五]宋史尹洙傳。　[七六]後漢書歐陽歙傳。　[七七]晉書王裒傳。　[七八]宋史成同文傳。　[七九]宋史陳自強傳。　[八〇]分見史記張儀傳，隋書鄭譯傳，宋史趙安仁傳。　[八一]分見晉書石勒載記，南史曹景宗傳，宋史劉子俊傳。　[八二]分見漢書兒寬傳，北齊書袁聿修傳，唐書裴冕傳。　[八三]顧炎武日知錄卷十六，座主門生。　[八四]分見宋史張去華傳、張錫傳，明史許國傳。　[八五]日知錄卷十七，同年。　[八六]分見宋史溫仲舒傳、滕宗諒傳。　[八七]史記孟嘗君傳。　[八八]晉書向靖傳。　[八九]分見漢書張耳傳、盧綰傳、酈商傳；後漢書韓馥傳，晉書周顗傳，魏書尒朱兆傳，唐書李密傳；宋史王安石傳，明史楊善傳等。　[九〇]太平御覽卷四〇六引風土記。　[九一]新唐書單雄信等傳。　[九二]薩孟武水滸傳與中國社會。　[九三]呂坤去偽齋文集卷二憂危疏。　[九四]薛澄清譯天地會研究。　[九五]二程遺書卷十八。　[九六]朱子全書卷五錄語類。　[九七]元史卷二七仁宗紀。　[九八]後漢書向栩傳。　[九九]世說新語賢媛篇。

格義比附與中庸主義的解析

陳守實

慧皎「高僧傳」「康僧會傳」，會答孫皓佛教所明善惡報應問：『夫明主以孝慈訓世，則赤烏翔而老人星見；仁德育物，則醴泉涌而嘉苗出。善既有瑞，惡亦如之。故為惡於隱，鬼得而誅之；為惡於顯，人得而誅之。易稱積善餘慶，詩詠求福不回；雖儒典之格言，卽佛教之明訓』。孫吳時，在江東的外國僧人，便援用此土所謂外書及傳統瑞異說解釋佛典中的善惡報應。按照文辭形式來講，也許已經「高僧傳」作者慧皎潤飾過了，否則，一個外國僧人不見得能運用外書如此成熟。然佛教經典的傳譯，和佛教的傳播，必取變形的融通義，利用所在地的傳統文化和習慣以資比附，才能免去一切扞格，這已成為一種規律。又同書，「晉高邑竺法雅傳」：『雅乃與康法朗等以經中事數，擬配外書，為生解之例，謂之「格義」。及毗浮曇相等，亦辯「格義」，以訓門徒。』這是更進一步的按格比配，以求在講說迻譯時易於了悟。但格義比附，卻成為異型文化溝通融和時的必經途程，在最初時期，固然為便於一種新型文化的闡釋，隨後便產生學術思想上的比附。此亦成為一種規律。

傳統文化的演變，和異型文化的吸集，又必須有客觀條件的配合，卽人類在歷史發展過程上必具有若干方面最基本的條件與之配合，始能達成這演變和吸集的目的，雖然格義比附，受傳統壓力的影響，他的內容，往往是背反歷史方向的。事數擬配的格義，比康僧會的雜引外書作大體上依附，更深細而具有機械性。這是由於印度佛教哲學在心理分析上的細刻，所謂法相的細微名類，及其演化，和中國傳統的術數格套有易於比附的習性存在，而道家一派的形上說，又可勉強契合的緣故。陰陽五行術數的格架，納入天人合一的總圈子，在漢代已集其大成。

戰國時之陰陽五行說，不必如近人在考古上作形式比附，以爲與希臘印度的四大說本質說有關，斷定他與曆法等等統是外來的。世界人類的各別發展在各別的歷史軌道上原有共通性。術數配備，如同幾何學一樣，與古代土地分配利用的井田劃劃有連。在這樣的歷史生活中，與原始性的農業生產；自然的循環性支配；由開始的簡單格架，到達逐漸的繁複深細化，而且予以玄妙的神祕說解，滲入整個生活囫子，經過悠長的時期，並不是不可能的。騶衍的歷史地理觀，和具體的大九洲說，與孟子一治一亂的歷史探索；五百年必有王者興的歷史預計，在這一格套的構成上，現實與歷史的體味觀照上，可能憑想象使他形象化出來的。宋人的潛慮，皇極經世，貞下起元的循環數論，照樣可以取來解釋歷史，以及流行於下層社會的術數推演，並不必一定有待於外來影響，在古典型的歷史段階中週期性波動與土地再分配；傳統的農業生產等諸因素的集合而想象出來，毫無疑問是事實。最早的所謂夏小正、月令，就是術數格架與農業生產在自發性的曆法上的具體配合。人類生活在初始期，概念還沒有達到數的抽象化境地，只有具體中的數，這在古文字形象上可以找到不少例證。這些都是術數格架構成上的素材。在傳統上有此等現成格套，傳承悠久，佛經翻譯與講說，因佛教徒的取融通義，內典外典的格義比附，自然易於產生。

格義比附，是傳統壓力的具體表現。格義是形式的改鑄，比附是內容的粘合。術數格架，「大含元氣，細入無間」，不僅在思想上成爲支配的習慣，而且帶着神祕的濃霧滲入整個生活；異型文化的佛經翻譯，又挾着印度原有的法數以俱來，而臨着傳統的強韌威力，自必取融通義而與外書作事數上的擬配。慧皎「高僧傳」「慧遠傳」：『嘗有客聽講，難實相義。往復移時，彌增疑昧。（慧）遠乃引莊子爲連類，於是惑者曉然。是後安公（道安）特聽慧遠不廢俗書。』這像是講說時爲便於曉解的一種方法，而與原本的講說體系無關，此實是一種誤會。學術思想的組成和方法論，是不可分離的一物的兩面。道安應許慧遠不廢俗書，事實上就是佛教哲學上的一種轉變，且可證明這一方法論未經援用以前，佛教哲學多少保持它的獨立性，沒有走上融通的階梯。等到格義的形式鑄造既然成功，則比附粘合在思想的組成上自必形成一新體系。孫綽道賢論；以天竺七僧比配竹林七賢，提謂波利經與佛問答：以五戒配五行格架，「顏氏家訓」即有『內外兩教，本爲一體』說。可見方法上的融通，必然影響到思想上全部組成體系。

僧叡謂：『格義迂而乖本，……鑪冶之功，微恨未盡，……先匠所以輟章於遐慨，思決言於彌勒。』（出三藏記集僧叡毗摩羅詰提經義疏序）道安亦說：『先舊格義，於理多違』（慧皎「高僧傳」「晉飛龍山釋僧光傳」）。在這一方法論的鑄造過程上顯出若異的劇烈的內容上的論爭。「世說新語」假譎篇：『（支）愍度道人始欲過江，與一傖道人爲侶。謀曰：用舊義在江東，恐不辦得食，便共立心無義。既而此道人不成渡。愍度果講義積年。後有傖道人來，先道人寄語云：爲我致意愍度，無義那可立？治此計，權救饑耳，無爲遂負如來』。此心無義投機新說，實際上即建立在此土道家說的格義比附上的。元康肇論疏：『慧遠就席攻難……心無之義，於是而息。今肇法師亦破此義』。此由說是否眞被攻倒，從此即息，很成問題。因爲僞說流行，既有傳統上的比附，非講座數語，即可使之歇絕。按照陳寅恪先生依據藏梵文原著比對，「心無」不成一名詞，實爲無心二字的牽強附會。但這一附會，却與道家的形上說，和當時逃避隱逸這一普徧而消極的人生態度有關連。於是由形式的改鑄，而到達內容的比附，才成爲一時流行的投機啖飯工具。如果在政治上被援用，就和一切反歷史的曲說同一類型。

由格義比附的方法論到思想組成體系的建立，在現實鑄鍊出來的思想形態上講，是病態的。戰國秦漢的術數演繹，配合客觀條件的神祕說教，於思想體系上，只是辨釋性的反歷史的附屬物。漢儒言靈異，重日食（趙翼二十二史劄記），不過作爲策免三公的話柄而已。此種格架配擬，既成爲某種力量的派生物，作爲理論總體以後，便產生傳統的拘束力。因爲思想的質性，是整個活的體系的形象化，決無格義比附的依存工作存在的餘地。漢人的套數歸納與演繹，除非同樣犯有格義比附的曲學阿世之徒，才稱它是科學。魏晉後佛經翻譯，格義說興起，心無義的比附，與傳統壓力的套數吸合，就在佛教理論上，也只是一種訛誤的曲說。從而可證明這時期思想內容上的玄談、形上學的比附說素，不過是這一時代現實背後架空的說教。道儒釋合一的理論，僅僅與俗流道教服藥、符籙、說仙說鬼，同樣是倒退的逆流。可見格義比附，是違背思想組成的獨特的有力的尊嚴性。此後理論內容上的比附，超過於形式格套上的比附。圭峯大師的「華嚴原人論」，李習之的「復性書」，較之天台止觀更顯露其比配附會迹象，而山內山外，出世入世，絕然分爲兩截都只是比附的內容上的曲解。所以唐代的佛教理論還有自成一流派的發展。宋儒理學上的成就超過術數格套，同時格數還只是傳承了原有的一套，而內容比附，却頗盡其能事。形上形下，理氣二元，高明與中庸的割裂，這也可說是比附體系上的一大進步。但因其爲比附，在方法上組成上，始終是避開了震盪的現實，擠迫想象的天國，盡其虛構編配的能事。在古典型的歷史圈子裏，自然也有幾微的現實據點，作爲他放大發酵的曲折線索。後來的漢學宋學，漢宋調和，都只是這一範疇的產物。

格義比附自發的套數在時間悠久的傳承上變成某種惰力、傳統力、習慣力，遇到異型文化吸合時，就使格義比附形式化與內容上的過細滲入成爲畸形的腐爛的無力的支配理論，這樣繼續僵積又增加了傳統的壓力。中學爲體，西學爲用，便是歧支離的格義比附，而爲腐爛倒退勢力依附者所援用支持。歷史的進程已衝破了古典的範疇，現實的動搖場面與傳統的腐爛理論碎片，已完全隔絕，這種理論比附的形式化，幾與法西斯的反動八股，成爲同一型範。所謂中學，在古典型的段階上，經過循環形式的週期波動所產生的折中的平衡的中庸理論，是隨着古典的歷史範疇一同死滅了。在這種死滅的理論上找取零散抽象的點綫上的名詞，加以附會，究其量，不過配合着現實中的殘餘勢力作背反歷史的說教與服務而已。另一範疇中所產生的科學，所謂西學，如何與古典範疇中一套傳統格架，和他所附屬的理論，成爲一物之體用。東方的精神文明，西方的物質文明，在第一次大戰後所憧憬着的融和，這一論點，是否能對照着成立，固是另一問題，但東方與西方，在人類歷史經程上各異其範疇、基壞，是顯然的，不能相互比附。所以所得的結論是：凡作此類格義比附的人，大多數都是在現實動盪的場面下，作虛玄架構的某種腐爛勢力的附屬物。

格義比附的原本屬性既如上述，是另一歷史範疇中的傳統力，那末，歷史發展已經突入新的階段，便絕不可能再在這上面作回溯的打算，以遮掩擺在面前的活生生的現實，應該使他自己埋葬自己。然而竟有人在沙漠中做重工業建設的夢，平民教育的夢，以至於一切類似夢的設計。這與今文派廖平用王制五服說推演當前的世界，把英法美也包含在某服之內是同樣可笑的比附。無鹽嫫姆，只見西施王嬙的化裝品，沒有照一照自己的眞面目。如果說在這種夢裏面懷藏着另一種企圖，倒不必以小人之心，度君子之腹，格義比附本身的歷史發展，就有最好的指示：傖道人寄語支敏度，單純爲了投機出賣，作救饑計，卽使有負如來亦屬不妨，最可恥的是爲陳死人木乃伊服務，作背反歷史的企圖。

格義比附在內包上的腐爛物，還有中庸主義。

古典的歷史型，中間包含着形式上多次週期性反覆；河流的迂回沖刷個積着類似性的重複線條，特別增加了傳統的回溯與依附(一)。由此產生傳統偶象的錯誤拘執；現實生活無多變異的固定性，中庸理論的普徧化，逐層塑造了這一偶象，作爲點線解釋的論據(二)。異型文化的接觸，傳統偶象上的點線酵化特別發生作用，拖住了現實，使他理念化，夢魘着意識上的進步銳鋒(三)。古典型既已逐漸蛻化，新的場面淹沒了一切，新的理論粉碎了傳統偶象，反歷史的舊型擁護者，在傳統思想上作點線比附，暴露着反歷史的企圖(四)。另一方面又匯合着世界性逆流，集合雜多的已死的傳統，圖阻塞人類的進程(五)。這是傳統思想粉飾着中庸理論幽靈般被召喚的來由。

中庸主義通過上述各色各樣的外貌，在思想上成爲無形而潛藏着的傳統中線。倘在傳統上給予一個名詞，叫做儒家學說，這一名稱也只是一種偶象稱號，並無獨特的性質。組成孔子思想的體系，自有他的方法論和理論構成上的特殊性。秦漢間裝進術數格架；魏晉後配以格義比附，在理論上滲入道釋；宋人注射以教外別傳之禪及道，又在解釋上用外傳雜說體，如佛教變文的演說經義；清代乾嘉以後漢宋學的紛爭與考索；及近來新舊理學的清洗與修正；只是『罷黜百家，定於一尊』，後平衡線上的粉飾與爭辯；而以無稜角的中庸理論支撐着這一偶象，即在悠久的盤旋綫上逐漸凝結成的富有中庸氣息的理論，加上政治性依附，所積之僵化成的一個偶象而已。從古典的歷史範疇中過細加以檢驗，却只是中庸無力的一團雜碎，稱之爲思想樣的某一個固定家派，嚴格的講，實不能成立。

近人考核「中庸」一詞，演自「刑中」。孔子之所謂「無過不及」，「不偏不倚」，而「聖之時」，完全是「刑中」的引伸。即此已可作爲孔家學說富於彈性之一證。然此仍不失爲孔子之一家言。等到經過一長串的盤旋過程而胎孕出來的中庸說，在思想的本質上，與其構成這一說的方法論上，實已蛻變，而不能成爲一壁壘森嚴具有獨立性，且可使之形象化的思想體系。即如漢人的術數裝配，納入儒家外廓下的儒家經典的解釋，以及由這一解說而滲入政治結構，除去理論的點線比附，與孔子學說的全部內容比證，和支敏度心無義說的牽強附會，恐並無二致。例如：論語中三畏三戒，五美四惡，在崔述洙泗考信錄已有不純篇幅的懷疑考核，在孔子學說中的格數，可見並不存在。到孟子才有較詳細的演繹。

中庸主義是週期性運動上的必然產物。現在一切超然性的理論和措施，都以這一思想模式作胎盤。無原則，無立場；與科學背離，與人類進步的企求背道而馳。格義比附的廣泛應用，使中庸主義在傳統氣氛未澄清的階段上擔負了迷人眼目的任務。因爲中庸主義是以古典的歷史範疇作爲他的溫床，所以傳統壓力經常充中庸主義的護士。理世界與氣世界的二元論，有極高明而道中庸，出世入世，由內由外，形上形下，可作比附。覺醒的人類踏着沈重有力的步子向前邁進，他便以虛構的傳統的平衡點線雜湊成的理世界向之作詩疵索瘢的吹求。西方文化、自由主義受威脅；統一、和平、建設、重工業、科學化、現代化被阻害；攪碎了歷史範疇，比附着古今中外最美麗最抽象的概念點線，魔鬼似的迎頭壓來。身軀浸沈在古舊的積穢中，腦子在玩弄着虛構的幻景。把國際間漂流來的無根之花，如科學、重工業、物質文明等等，儘量在幻景中放大，忌諱自身的爛瘡須用大手術割治；用現實的點線，和虛構的理論點線作格義比附，而標榜不偏不倚、第三者、中間的中庸主義，在一潭死水中作欺人的號叫。這是中庸主義的經常姿態。

五四運動，打倒了儒家，放走了道家，這一論點是不確實的。社會結構沒有被改組，儒家偶象雖然曾經刺破尊嚴，而中庸主義的理論依然存在，且與格義比附廣泛聯合，廣泛應用在政治形態思想形態上支撐着反歷史的勢力，夢魘一般地壓着活人的頭腦。 道家逃避的自然主義，依舊充任了助紂爲虐的職務，不是五四運動一鬨之爭所能主觀地放走的。

傳統的壓力，與積成這一壓力的歷史範疇有關。歷史的列車，既然走出了古典型的隧道，傳統的格義比附與中庸主義可以把現實的分光鏡加以透視，使他自己埋葬自己。『以前的變革，需要世界歷史的回想，俾能向自己攪亂自己的內容。目前的變革，一定要讓死者埋葬他們的死者，俾能向自己弄清自己的內容。』

格義比附與中庸主義之史的解析，證明了傳統壓力必然在現實的爐火中被消解。

從孔子精神清算「尊孔」

黃紹衡

小引

中國的傳統思想以儒家學說爲中心，而儒家學說，以孔子精神（當然不是孔子的眞精神）爲基點。孔子在中國傳統思想上的關係實在太大了，因而尊孔在中國傳統思想上也彷彿就成爲一件無上大事。固然，孔子是偉大的，是值得尊的，然而『道高一尺，魔高一丈』，正因爲孔子的偉大值得尊，所以專制統治者，便利用他以爲維持政權，統治人民的工具；而一般士大夫便利用他以爲「道統」的教主，藉以獨佔中國傳統思想的王位，一邊以之爲統治者幫閒的利器，且以之爲自己做官發財的敲門磚。統治者與士大夫在表面上都以尊孔爲號召，但是，按其實際，他們之所謂尊孔，實在是大違反孔子的眞精神的，是極荒謬醜惡與侮辱之能事的。

現在，我們特提出清算：先檢討孔子的根本的精神到底是什麼，然後考察傳統尊孔之所尊者到底是怎樣，即以孔子的眞精神，來揭破他們的假面具。

一　重新認識孔子的根本精神

中國傳統思想把孔子與守舊、復古及好古、述古等辭緊緊連結着。如馮友蘭說：『對於傳統制度的信仰態度，孔子是守舊的』（「中國哲學史」八二頁）。張蔭麟說：『孔子對於西周盛時的文物典章，全盤接受，並且以它們的守護者自任，他盼望整個中國恢復武王周公時代的舊觀。』（「中國史綱」一二八頁）傳統思想者更振振有詞說，就連孔子自己也不是明明白白的在說他自己是個『述而不作，信而好古』的人；中庸也說他是個『祖述堯舜，憲章文武』的人，孔子是個復古主義者，至少是個保守主義者。這種惟知在守舊復古、及述古、好古之中尋求孔子的根本觀念的似是而非的錯誤觀點，是在討論孔子的根本精神以前之所當先弄清楚的。

第一，須知孔子的好古，其目的是在「知新」。這就是孔子自己所說的「溫故知新」。「禮記」「學記注」說道：『學必好古者，因爲聖人之道在方策也。』學方策不就是復古守舊，不過是藉此以知道古先聖人的修己爲人的道理，以增加我的知識和能力，而最重要的，還在從古裏而化出新的道理來，以改進現今。所謂「溫故知新」，正是以有限得出無限，不是以有限得出有限。

第二，須知孔子的述古，其目的在「作今」，這可分兩方面來說：

1.是所謂「言必稱堯舜」。韓非子「顯學篇」說：『孔墨俱道堯舜，而取舍不同，皆自謂眞堯舜。』是見孔墨的稱堯舜，並不是旨目的，而是各以其自己的立場特假託而稱之的。堯舜不過儒墨宣傳他們的政治理想的一種烏托邦組織，是他們假託之以爲改進當時政治社會的一種手段。蓋堯舜所行的制度，是公天下的禪讓。在堯舜，帝位只是一種責任或義務，而不是一種私產或權利。孔子之所以稱堯舜者，除了堯舜本身的聖哲外，實則是在謳歌這種天下爲公制度的精神。

2.是所謂刪詩書，訂禮樂。這是孔子批判的活動。孔子之所刪訂，都是通過他的精神而賦予一種新的意義的。這一點，就是復古派的錢穆也都不能不這樣承認：『古代典籍，流到孔子手裏，都發揮出一番新的精神來』（「中國學術和古代文字」）。孔子是以詩書之刪，禮樂之訂，而講春秋時代的「現代」的內容的。

要之：孔子的好古、述古不過是托諸舊制而提出自己的理想。在舊社會秩序分解之時，一切制度及倫理思想，只餘空虛的形式，不能適應社會的變化，以指導人生。孔子一面在求這些形式的意義而託古立說，一面卻在求這些新意義在紛爭變亂中使之走上新的社會秩序。不過孔子和墨子稍有不同：墨子是主張『吾以為古之善者則述之，今之善者則作之』；而孔子卻偏重於由好古而知新，以述古而作今，在這等處，孔子似沒有墨子的積極。

至於孔子所以要好古述古非借重這個「古」字不可的，大約不外如侯外廬所說：『凡在過去社會激變的時代，學者都是用古老的言語，說着他所新要求的內容。當人類能夠說他自己的新言語時，社會內容便作弄他的理想。古今中外的近代以前的思想史，都有這一趨向。春秋人穿着禹稷之古衣裳，後來更套上堯舜的古衣，戰國更古老地穿了黃帝神農的漁裝，而說明的內容，則是愈講愈近。衣服形式和他的內容成為反比例』（「中國古代思想學說史」三〇九頁）。孔子正是襲着這趨向而託古立說，以提高自己的身份，而依附古以自重的。

好古述古的這一個「古」字，是掩蔽着孔子思想的一團暗雲，今既把孔子對於好古述古的本意弄清楚，再進而討論他的根本精神，便可頭頭是道，沒有遮障了。

孔子的根本精神在於「時中」。這統率着他的思想的全部。一部「論語」，開宗明義便說：『學而時習之。』

孔子最着重這個「時」字。他以為世界上的一切最重要的就在合乎時。所謂「時中」，就是說，人生要隨着時代並進而做到「恰到好處」之意，所以說：

『君子之於天下也，無適也，無莫也，義之與比。』

此所謂「義」，就是「時宜」，也就是「時中」。孔子覺得人生應隨時向着未來的新的道路上努力不斷的前進。有一次，孔子在川上歎道：『逝者如斯夫，不舍晝夜！』就是有感於此而說的。「莊子」

「寓言篇」有『孔子行年六十而六十化，始時所是，卒而非之，未知今所謂是之非五十九年非也』之語，這是孔子時中精神的最好的註脚。

孔子就是一個本着時中精神而『發憤忘食，樂以忘憂，不知老之將至』的不斷向上追求的人。孟子稱孔子爲『聖之時者也』，這對於孔子的理解最是深切。後儒一味把孔子壓在「中庸」思想之下，他們不知孔子自己明明白白的說着：

『君子之中庸也，君子而時中。』

孔子所講的中庸，不是「不偏不易」的中庸，而是時中的中庸。

俗儒只知孔子的根本精神在「仁」，在「尊王」，在「正名」，在「禮樂」等這些觀念，這固沒有錯，但是，我們以爲時中比那仁、尊王、正名、禮樂等更爲基本。

關於仁的解說，先儒無慮千百家。從孟子的『仁者愛人』，直到最近陶希聖的『仁以等級的分限爲條件，所以是差別的愛，』（「中國政治思想史」第一冊九三頁），其間說得比較最好的，要算阮元的「研經堂集」中及焦循的「論語集釋」中對仁作綜合的研究後所得的結論，他們以爲：仁是由二人以上的相處之下發生的種種形相，這是從外部說的。近人錢穆的解說也還可取：他說，仁蓋即指人類內心之超乎小我個己之私，而有以訴合於大羣體之一種眞情（「中國民族之宗教信仰」）。這是從內心說的。仁既爲二人以上的相處之下發生的種種形相，爲訴合於大羣體之一種眞情，所以時代不同，人的相處形相與訴合乎大羣體的眞情，也自不同，故仁的本身有隨時而變之義。此焦循所以有『人性所以有仁義者，正以其能變通，異乎物之性也』之說（孟子正義）。這都能得孔子的仁的本意。要言之，孔子的仁是與時中相配合着的一種犧牲自己，以爲大衆服務的精神之最高表現。

關於尊王，孔子所要尊的王，乃是像堯舜那樣的聖王。而絕不是如周濂溪所謂「後世王者」的王，把後世王者的尊孔看做是「報德報功」。比較進步一點的如羅壁所說：孔子作春秋，尊王，爲能明時，並引張南軒的話說：君子救世，時宜而已。孔子作春秋，文王事殷之心也。這已道出孔子的時中精神；然亦未能認識到孔子之尊王，是堯舜一類的聖王。孔子所謂堯舜型的聖王，不管是柏拉圖的「哲人爲王」的理想之具體化。柏拉圖在希臘時代，眼見斯巴達皇帝的暴戾恣睢，和雅典皇帝的淫佚無度，乃本其悲憫救世之懷，主張以哲學家來做皇帝，依至善的原則，來治理希臘。孔子的出發點也正與此相同。春秋時代的社會守舊腐敗，政治紛爭變亂，使孔子感覺到惟有像堯舜那樣的聖哲才配做皇帝，依至善的原則來統一政治，安定社會。惟有像堯舜型的聖王才值得尊。至當時的「王室」之王，與「後世王者」，他們視堯舜如何？這些「獨夫」「民賊」，在孔子，打倒惟恐不及，他願意尊他們嗎？

關於正名的解釋，從來都當做正名分講。譬如『君君臣臣父父子子』，就被看做是嚴尊卑之名分的。因爲這關係，儒教竟被稱做「名教」。這是很不妥的。郭沫若認正名之名是名辯之名，而不限於所謂名分（「十批判書」八六頁）。此說雖較名分之說爲進步，但仍未得孔子的眞意。按孔子在答子路『必也正名』之後，歸結於『故君子名之必可言也，言之必可行也。君子於其言，無所苟而已矣』。從這名必可言，言必可行之說看，所謂正名，當有二義：其一，在春秋，實無名存，已非西周的制度，因其名存而實變，故名即不正。其二，時代進步，新實時興，有新實而無新名，故名亦即不正。（此點尤關重要，孔子時代，已比夏商及周初時代，社會進化，生活複雜，語言文字也自然跟着向前發展。人們要給那包羅萬象的事物和行爲，加以辨認，加以分類，並用一定的音節——語言，把他叫出來，就處處有創造新名詞的必要。）孔子以爲名不虛存，必有其實，實不虛有，必有其名。倘有古名而無今實，謂之的必要。

至於禮樂，在孔子看來，其爲用是很大的。禮是自外部來規定人的行爲使趨於合理，樂是自內心調節人的情感使達於中和。質言之，禮樂是要使人們除去一切自私自利的心機，而養成爲大衆獻身的犧牲精神的最好手段。所以孔子極力提倡禮樂。孔子尤注意「野人」的禮樂，他除贊美野人的禮樂的樸素精誠之外，更把奴隸時代的貴族們所專擅的「不下庶人」的東西，推廣到人民也能同享。社會是進化的，人的行爲和感情也是隨時代而有所不同，爲大衆獻身的犧牲精神也自然是隨時而有所各異，而禮樂也便因之以不同。這就是禮記所說的『禮，時爲大』，樂記所說的『五帝殊時，不相沿樂，三王異世，不相襲禮』。故禮樂更是依附於時中的。

孔子的仁、尊王、正名、禮樂等觀念，都是從時中所派生；離開時中，則仁、尊王、正名、禮樂等便沒有靈魂。所以我們說，時中比仁、尊王、正名、禮樂等更是孔子的根本精神的根本。

以上所說，是孔子在理論方面的輪廓。至於他表現在行動方面的又是怎樣呢？

孔子精神，本是反抗的奮鬥的。首先他對於政治和社會，處處都表現着他的反抗奮鬥的精神。他認爲人生現象爲自然秩序之表現，宇宙調和必自人類社會國家政治安定的組織始，所謂順天之則，以主人則，立仁之方，以歸仁政的便是。

然而當時的社會國家，守舊腐敗，紛爭紊亂，天子懦弱無能，周室徒擁虛名，諸侯割據，四分五裂，而世卿尤跋扈囂張，僭分越禮，各自爲政，互相爭奪，所謂『臣弑其君者有之，子弑其父者有之』，社會不安，民生凋困，孔子稱之爲『禮壞樂崩』『天下無道』的時代。這與孔子的理想相去多遠呢。這些紊亂不安的現象，當然是由於政治的不良之所致。所以孔子對於當時的政治，攻擊不遺餘力。他的理想是堯舜所代表的「大同之治」；禹湯以來的天下，他認爲是私天下，要選賢與（舉）能，才是「天下爲公」。他抱着這種理想，以與當時的執政者相奮鬥。當時的實際政權多旁落在世卿手中，所以孔子尤深惡世卿。論語記：『三家者，以雍徹。子曰：「相維辟公，天子穆穆，奚取於三家之堂！」』『孔子謂：「季氏八佾舞於庭，是可忍也，孰不可忍也！」』孔子對於世卿的態度，有如此者，章太炎謂：『孔子當春秋之季，世卿秉政，賢路壅塞，故其作春秋也，以非世卿見志』（「諸子學略說」），實是不錯。不但如此，孔子於口誅筆伐之外，更還有直接行動呢。如定公十二年，孔子命仲由毀三桓城，收其甲兵，孟氏不肯毀，伐之，不克而止。孔子更幫助亂黨，據墨子非儒篇載，爲了幫助白勝的事，齊景公問晏子，孔子是怎樣的人？晏子以『勸下亂上，教臣殺君』對。「莊子」「盜跖篇」載：『田成子常殺君竊國，而孔子受幣』。又據「論語」「陽貨篇」說：佛肸召，子欲往。這種袒護亂黨行徑，連子路都不大高興，說：『由也聞諸夫子曰，親於其身爲不善者，君子不入也。』墨子還說，孔子的子弟也學孔子幫人作亂，他舉子貢、季路、輔孔悝亂於衞，陽貨亂乎齊等事以爲證(非儒篇)。這些反抗的事實，無異於後世之所謂「革命」。孔子無非要藉這種破壞手段而達他政治革進的目的。

孔子對於政治的反抗奮鬥，顯然是失敗的。不過於失敗中却有一件很大的收穫，那就是給歷史上的「士」創立了自下而上的對統治的對抗力。孔子以前的政權，都是自上而下的。自上而下的是個「威權」(Authority)，是個「力權」(Power)。一切威權力權，倘不加以制限，無不流於濫用，以至於腐敗。必須有一個自下而上的以爲「對抗」(Counterforce)。這個對抗力是以矯正在上者，使其得有清明之氣。

這個對抗力的主人就是所謂「士」。孔子以前之所謂「學」，都是指一種技能；孔子講學，乃是旨在造成一種「道德的人」——士。這種人在社會上只是主持正義，是一個社會內是非的標準。他們不一定要得政權，而在於『以其道易天下』，作「中流砥柱」，而社會蒙其福。孔子以前的士，不過是作官的預備者。至孔子，把他們另付一種特別的使命對威權力的對抗。孔子這一點從失敗而得的大成就，一向沒有人道及，直至最近張東蓀才微露其意（「士的使命與理學」一文）。

其次，是孔子對於文化的解放運動的奮鬥。從來對於孔子在文化方面的功蹟，都只知稱頌他的刪詩書、定禮樂、修春秋，而忽略着其更重要的一面，那就是把學術從貴族手裏奪下來而使之平民化。在孔子以前，學術與政治是不分的，典籍藏於官府，一個學術家同時就是政治家，沒有離開政治而單獨樹立學術的人。但經孔子奮鬥的結果，學術便從政治脫離出來了。關於這一點，章太炎說得最好：『自老聃寫書徵藏，以貽孔氏，然後竹帛下庶人。六籍既定，諸書復稍出金匱石室間，民以昭蘇，不爲徒役，九流自此作，世卿自此墮，朝命不擅威於肉食，國史不聚殲於故府。故直諸夏覆亡，雖無與立而必有與斃也。不曰賢於堯舜，豈可得哉！』（「訂孔篇」）

尤值得注意的是孔子的教育平民。他看到衞國的人民很多說：『庶矣哉！』冉有問：『既庶矣，又何加焉？』曰：『富之』。曰：『既富矣，又何加焉？』曰：『教之』。孔子不但這樣把教與富在理論上並重，并且更從實際上努力去教。他所教的三千多個學生，大多是平民。因爲他教育平民的結果，而文語也發生大解放與進步。按西周古文，即所謂有韻之雅言。但論語就是當時的口語白話。一方面學術下私人以後，文學也大大地變了，諸子私人著作，自孔子以後，產生了和金銘頌雅不同的活東西。（參考侯外廬「中國近代學術思想史」五四八頁）

孔子以師學代替了官學，是文化上的一大革命。而他使老百姓也居然受教育，這和奴隸時代只有貴冑子弟才能受教育權利者，更富於政治革命的意味。

總之：孔子表現在行動上的精神是反抗的奮鬥的。時中及時中所統率着的仁、尊王、正名、禮樂等觀念，是孔子在理論方面的根本精神，對於當時的政治的反抗及文化的奮鬥，是孔子在行動方面的根本精神。自然，他的理論和行動，是「吾道一以貫之」的。這些理論和行動，正是基於他的時中觀念，其目的是要把當時的守舊腐敗的社會和紛爭變亂的政治，推進而適合於時代，也就是適合乎時中。

孔子畢生爲時中而反抗而奮鬥到底。胡適之說，孔子是調和的中派（「論學近著」第一集一二九頁）；周谷城說，孔子是極端的右派（「中國通史」二六〇頁）；這似乎並不妥貼。我們以爲孔子是一個前進的左派。孔子曾親自表示過他的態度，請看「論語」所載：當時獨善其身的隱者不贊成孔子的言行說：『已而已而，今之從政者殆而！』『滔滔者天下皆是也，而誰以易之！』孔子聽了嘆氣說：『鳥獸不可與同羣，吾非斯人之徒與而誰與？天下有道，丘不與易也。』意思是說，我們旣是人，就應做人所應該做的事；如果世道不糟，我自然就用不着費氣力去改革它。……孔子看天下無道，就犧牲一切要拚命去改革它。（朱光潛「談修養」二二頁）這就是所謂：

『知其不可而爲之者。』

在此，我們連帶的看看孔子的革命的立場和手段：

孔子的革命立場『是順乎時代的潮流，同情人民的解放的』（郭沫若「十批判書」七三頁）。至其革命手段『是站在代表人民利益的方面的，他很想積極地利用文化的力量來增進人民的幸福』（同上書七五頁）。這單就文化方面而說，但同時，我們尤應注意其政治方面。「墨子」「耕柱篇」記：『仲尼答葉公子高曰：「善爲政者，遠者近之，而舊者新之。」』這所謂「近之」、「新之」，很可代表孔子的政策。此外，如「來遠」和「尊賢」孔子更定爲「口號」。「來遠」是『民不遷，農不移』的庶民一生被錮在特定的田舍中的農奴制度的否認。「尊賢」又是一生下來便被注定官兒的貴族世官制度的否認。這在當時傳統的政治經濟背景下含有很大的「革命性」。這尤爲貴族地主之所反對者。（用張蔭麟意）

孔子實在是一位反抗的奮鬥的前進的救世救民的革命者，是一位『修敗起廢而變於道，扶衰救弊而反於正』（歐陽修語）的革命者。若說孔子有時不免以改革代革命，不够徹底，是可以的；但說孔子是一個右派或中派，則切切不可。

孔子的根本精神之所在，自然是孔子的偉大精神之所在，可惜在專制政治的淫威支配之下，在傳統思想的「道統」隱蔽之下，孔子的根本精神也就是孔子的偉大精神，竟湮沒數千年！

二 陽尊陰黜名尊實辱的尊孔

在上面，我們已把孔子的根本精神認識淸楚。現在，且進而看看傳統所尊的孔子又是怎樣？

孔子的根本精神及其偉大的所在，在時中，在反抗，在奮鬥，在前進，在辦救民生，在改進社會及政治等等。在理，如果要尊孔，就應該從孔子的根本精神上，也就是從孔子的偉大的所在來尊他。然而不幸得很，事實上，無論在當時，在後世，都是『忘其所以當尊，而以不當尊者舉之』（章太炎語）的假尊孔。質直的說：當時人陽尊孔子而陰黜之，後世人名尊孔子而實辱之。

孔子自然是一個天才，名聞列國，當時的諸侯、卿大夫，莫不尊重他，然而終究沒有一個能够好好用他的，正因爲孔子是一個天才而又無人能用他，所以他只有極力自求用世。『吾豈匏瓜也哉？焉能繫而不食！』他情不自禁的叫着。孔子自求用世，有時還使用一點手段。看他見南子時，子路不悅一事可知。而且他爲了急於求用，什麼機會都想碰上去，如費之公山弗擾，中牟之佛肸，魯之季氏，晉之趙氏，他們在變亂及宣佈獨立時，來召他，他也打算去，後來終因不得其用，他急得竟又叫着：『沽之哉，沽之哉！我待賈者也。』然而孔子一生除了小試於魯僅僅三個月而外，終於不得大顯其身手。他跑到齊景公那裏，齊景公只能『以季孟之間待之』。他跑到衞靈公那裏，衞靈公『色不在孔子』。他跑到楚昭王那裏，楚昭王因令尹子西『非楚之福』之言而止封孔子。……以至於身干七十二君，依然不得一用，『轍環天下，卒老於行』。這當然是由於他那一套進步的思想，革命的精神，救世救民的抱負，在使統治階級及守舊復古的社會，爲恐孔子思想的實現，危害自己的利益，所以妒忌他，害怕他，大家不約而同的爲保持自己的利益，而犧牲着這絕代大人才了！

當時的統治階級對於孔子不但不能用他，且處處加以迫害。最明顯的如『畏於匡』，絕糧於陳蔡，受厄於桓魋。莊子讓王篇說他『再逐於魯，削跡於衞，伐樹於宋，窮於商周，圍於陳蔡，殺之者無罪，籍之者不禁』。呂覽愼人篇亦有此說。注云：『籍，猶辱也』。足見孔子在當時，至少有一個時期，任何人都可以殺他，任何人都可以侮辱他的。這和亡命的暴徒有何區別呢？（見郭沫若「十批判書」七三頁）。莊子曾感慨說：『天下有道，聖人成焉；天下無道，聖人生焉；方今之世，僅免刑焉』（「人間世」）。使孔子生當天下有道之時，他必有很大的成功，然他不幸而生當天下無道之時，他便不兗徒生一世，而且僅僅兗得了死於刑戮之手，眞使人千古同慨！

最後，孔子只有退而刪詩書、訂禮樂、修春秋，以終其年。孔子修春秋是一件特別値得注意的事。一字之褒，一字之貶，都足以代表他對當時的政治見解。孔子是託其志事於春秋的，所以說：

『其事則齊桓、晉文，其義則丘竊取之矣。』

春秋的微言大義，從左傳中所記載的孔子筆法及漢代公羊家保存了的看來，便可知一二，孔子是以周公自比的人，周公的事業不得實現，故孔子只好把他的志事託之於春秋微言大義了。修春秋應是孔子一件傷心事。

最滑稽的是魯哀公，當孔子活着的時候，既不加重用；待孔子死了之後，哀公竟下了一道誄說：『旻天不弔，不憖遺一老，俾屏余一人以在位。煢煢余在疚！』一若以孔子不能爲自己輔弼而不勝哀悼者。哀公特爲此假惺惺以自欺欺天下，實則他和其餘的諸侯一樣，對孔子是陽尊陰黜，是永遠不會用孔子的。

在封建自私的社會國家，孔子的被陽尊陰黜，一輩子不得用世，可說是他的精神本身所注定着的。孔子生前的不遇，使不能行其志於當時，固然是孔子的不幸；然其更大的不幸還在於他身後的被利用——名尊實辱。

在這裏，不免有人說：孔子不是被尊爲「大成至聖文宣王」嗎？不是被譽爲『德配天地，道貫古今』嗎？朱子引某人詩更頌着道：『天不生仲尼，萬古常如夜』。元人尤褒揚備至，說是『先孔子而聖，非孔子無以明；後孔子而聖，非孔子無以法』。專廟奉祀，每年春秋致祭，尊崇已極，光榮之至，莫說中國無與比倫，就是在世界亦屬僅見。你爲什麼獨說他不幸？不知這乃都是表面的文飾舖張，而實際却是利用孔子做統治的工具。把孔子越抬得高，則其工具價值也就越大，如是而已。

專制統治者利用孔子爲統治人民的工具，幫閒士大夫利用孔子爲自已做官發財的工具。

在此，我們不免要問一聲：專制統治者及幫閒士大夫爲什麼獨要選擇孔子而來利用呢？其答案不第一，是偶像的麻醉。中國是一個沒有宗教的國度，統治者如果沒有一種現世麻醉劑，統治權是不容易維持的。所以歷來的統治者不得不拉上一位比較偉大的思想家，把他的精神變了質以代替宗教。春秋戰國而後，中國大思想家有三：就是墨子、孔子和老子，然老子法自然，講無爲，尙放任，不便於作專制統治的典則。墨子主兼愛，重平等，尙賢任能，亦不便於專制統治。且墨子『以繩墨自矯』，『以自苦爲極』，更是爲在民上者之所難取。惟孔子尊君父，主忠孝，態度嚴肅，比較適合於統治者的脾胃。因此，孔子便被拉下水了。

第二，是反面的防止。如上面所說，孔子是個思想前進，對於政治社會反抗奮鬥，而思有以革進的人。這是極不利於統治者的，是爲每個統治者之所害怕的。而更以歌頌堯舜，標榜天下爲公這幾點，尤爲每個統治者之所不願聞。倘使這種思想讓他實現着，豈不危及皇權？所以非設法防止不可。防止的最好方法，莫若「以毒攻毒」，把孔子的招牌抬出來，把孔子的貨色變了質，從反面去防止孔子思想的流行及實現。

第三，是學說的近似。要把孔子的思想變質，也要孔子的思想本身，有幾分可變的成分才行。恰巧孔子的學說裏面有一些近似的地方，如『尊王』，如『君君臣臣父父子子』，如『民可使由之，不可使知之』等易含混的語句，統治者恰好據以爲專制皇權的寶典，而實行着他們那「掛羊頭，賣狗肉」的技倆。

統治者認定了孔子爲利用的目標之後，於是便把孔子的學說思想，強姦曲解，任意顚倒。其最重要者，如：把隨着時代而做到恰到好處的時中，變做守舊復古；把爲社會犧牲最高表現的仁，變做殘暴虐民的殺奪；把名必可言，言必可行的正名，變做尊卑名分之正名；把養成爲大衆獻身的精神的禮樂，變做等級限制；把天下爲公，變做專制自私；把選賢與能，變做『凡做皇帝的必是聖人』，把尊那既賢且能而又能以天下爲公像堯舜的聖王，變做尊專制魔王；把文化普及平民，變做愚民政策……。總之：把孔子學說思想一箍腦兒都變做爲統治者自已服務的忠實奴役，然後支配到政治社會的各方面去，使凡天下之人，莫不俯首下心屈服於所謂「聖教」的大旗之下。到後來，專制皇權越益強化了，統治者深怕那已經變質的「聖教」還不够週到，於是連註疏也法定了。如唐太宗命孔穎達等作「五經正義」。而自元朝以至明、清，爲怕約束不住全國奴才，索性連孔記「聖教」也無形中讓位於「朱子集註」。

至於幫閒的士大夫，他們自然是惟統治者的馬首是瞻的。在最初，少數士大夫爲了迎合統治者的歡心，以專制皇權的一切利益爲出發點，肆意揣摩，另造一番道理，加諸孔子的學說思想之上。由是而孔子的學說思想便一變而爲覊絡，使天下優秀之士都把他們的項頸套了上去。而士大夫也落得互相利用，甘願受其籠絡。以儒學爲標榜，埋頭於四書五經，就是於科舉八股，以取得「次等的統治權」。他們在讀書的時候，眞有如朱子所謂『名爲治經，而實爲經學之賊；號爲作文，而實爲文字之妖』。他們的考試，也無非是「經學之賊」「文字之妖」的在掉弄槍花。幸而够上了格，則受命任官，從此，他們便惟恭惟謹的捧住上司，吃住下民。他們不想辦事，只要辦人，不想辦公，只圖辦私。威勢漸積，虛名炫耀鄉里，私囊滿載，終身享樂無窮。從此，中國養成了官僚傳統，根深蒂固，直至今日，尚不能剷除。

這樣，統治者把孔子的本來面目變之於上，雷厲風行，命令天下遵從，士大夫應之於下，誠惶誠恐，奉命遵行。倘稍有違異，那便是『非聖無法』，『欺君罔上』，「國法」立即隨之，「道統」羣起攻之。由是而孔子的眞精神，泯滅復泯滅，以至於無餘。朱子到底不愧爲大賢，他認爲從漢、唐到南宋千五百年中，雖不無小康，『而堯、舜、三王、周公、孔子所傳之道，未嘗一日得行於天地之間』。這眞是卓切不移之談。而自朱子之後五百餘年以來，更變本加厲，去眞孔子益遠。其流毒直至「中華民國」的牌子高懸國門，尚不少衰。試看民初制憲，進步黨居然要把孔教列入憲法，先有所謂『國民教育，以孔子之道爲修身之大本』；後更有所謂『中華民國人民有尊崇孔子及信仰宗教之自由，非依法律，不受限制』等怪文。他們竟要把君主專制時代利用以爲禍國殃民的工具的孔教，搬用之於體制不同的「民國」，使孔子永遠不得超生！

孔子含冤數千年，直至「五四」時期，才有人提出「打倒孔家店」的口號及民十五六年間，國民革命軍北伐之秋，一時各地官紳，相與不敢上「大成殿」去作「丁祭」。這二時期，總算是孔子雪冤最好的時期。但可惜不久，孔子又被拉着而蒙在寃鼓裏了。

統治者及幫閒士大夫的利用孔子，強奸曲解，任意顚倒，一至於此。一個前進的革命的孔子，想不到竟被他們利用到了如此田地！歐洲自教會陷入腐化或粗俗化之慘境，丹麥哲人嘉爾克加發出嚴厲之反抗呼聲，他認其時無一眞正的基督教徒。所謂基督教徒者，皆以上帝爲「大愚」而禮拜之，且巧立名目，以掩飾其自身之虛僞。我們對於傳統的尊孔也正有同感。利用孔子的人，簡直是以孔子爲「大愚」而玩弄着他的呢！

好在孔子畢竟是死的孔子了，是非曲直，全都由人搭付，生吞活剝，一任人們所爲，反正他是不會抗辯，不會登報聲明的了。

在此，我們不免又要問：倘若孔子活在後世的話，後人對他又怎樣呢？這可乾脆答一句，後人對於活的孔子更是不會用他的。這理由很簡單，就是孔子的精神與現實社會相衝突，在自私自利的封建社會，誰願意任用對自己的利益有損害的人呢。

莫說活孔子，就是已經死了的孔子，倘於他們自己的利益相衝突時，不但不尊，且大加侮辱。最好的例子，莫如劉邦和金人：當劉邦未得政權的時候，因爲他感覺到孔子的學說好像於他的爭天下很不方便，故取儒冠而溲溺；到他定大業之後，他又覺得孔子於自身有利，便祀孔子以太牢。金人破曲阜，指孔子像說道：『夷狄之有君，不諸如夏之亡也，是你說的嗎？』一把火燒燬孔子廟。後來統治中國，却又少不了要借孔子來做麻醉人民的藥劑，於是立即修廟尊孔。這可代表一切統治者對於孔子的態度。溺冠燬廟，可說是統治者對於孔子的本來面目；而享太牢，修廟尊祀，却是統治者的假裝。

孔子這樣被人寃屈侮辱，還不是大不幸嗎？儘管帝王們躬在他的牌位之前而獻以太牢，宰相大官們引用他的嘉言來點綴所發佈的政令，儒生們諷誦他或註釋他的經典，然而這『適足以玷闕里之堂，污泰山之迹耳！』（章太炎語）。孔子絕不會感到榮耀；反之，孔子必引以爲無上的恥辱。孔子本人的受寃屈侮辱，倒還小事，尤使人痛心的是二千年來的中國歷史，在假尊孔的名義下也一同弄得烏煙瘴氣了。茲舉其最大者述之如次。最著的是助長專制。中國二千年來的專制政治，乃是假孔教的名義以進行的，秦始皇開之，（王通有『詩書盛而秦世滅，非仲尼之罪也』之語），漢武帝成之，後世各朝因之，遂致黑暗充滿了歷史。但有權威，而無是非，只講尊卑，而無公理。雖號稱有法律，然其作用不過是壓制平民，自魏晉而後，莫不將周禮「八議」明載於律，至唐律、宋刑統、大元通制、大明律、大淸律例，利用「八議」而更嚴其階級等差。壓抑虐害，愚弄平民，一般老百姓只有蜷縮在專制淫威之下做着奴隸，他們除將血汗供官吏的吮吸，便不知國家對於自己有什麼關係。以致中國專制政治的壽命，在世界史上特別延長。

其次是箝制文化。自從孔子定爲一尊之後，二千年來，拘墟固敎，乖僻妄謬，罷黜百家。致使中國從此沒有眞理，而惟有「一律理」。『凡不同我者概目之爲異端；不本於我者概指之爲邪說：「息邪說，闢異端」之謬見，深中人心，岸然自封，深閉固拒，坐成錮蔽，方自詡爲正學，爲眞儒，而不悟其乖僻迂妄，誤國殃民，爲禍之烈，百倍於洪水猛獸也。』（「吳虞文錄」下四三頁）。結果，不但民智閉涸，百家寖衰，就連孔教本身也因無所競進而日就式微了。

再次是阻止進步。阻止進步可說是箝制文化的必然結果。文化是人類進步的成果，同時更是人類進步的燈塔。中國文化既被專制政治假孔教的名義而緊緊的箝制着，使不得自由發展，所以中國社會便不得不老是停滯在農業封建階段。中間雖不無王莽、王安石等的政治經濟的改革運動，但以積重難返，終歸失敗。雖不無印刷、指南針、火藥等的發明，但亦被視爲奇技淫巧，玩物喪志，而無多大進展。自漢迄清，終始在歷史循環圈子內面反覆因循着。吳虞說得好：『向使無儒教之束縛拘攣，則國內之學，分歧發展，駸駸演進，未必無歐美煒曄燦爛之觀。』

更可歎者是：自從西洋工業文化侵入到中國之後，中國固有文化系統，自然而然的大受撼動。這本是中國奮力求進、迎頭趕上的千載一時之大好時機。可是因爲孔教的作祟，五十年來，中國傳統思想方式，依然沒有多大變更，依然是把一切新的東西套入舊的思想方式之中，結果，使中國的一切改革，盡都成爲非驢非馬的「中體西用」，老使中國落後。而一般受專制歷史所薰陶了的大小頑固，更把孔教當做「萬應錠」。說什麼西洋科學文明，萬不如孔教的道德意志；說什麼耶穌的博愛，遠不如孔子的仁孝；一聽到羅素說一聲『中國文化顯著之優點，是一種合理的生活觀念』，便大唱其西方亦非採用孔子之道德不可。因西洋現代科學哲學均有人本主義傾向，便說人本主義是孔子向來所注重著的。他們以孔子爲無所不包，無所不適，他們和專制帝王一樣，在有意識或無意識的硬拉上孔子的牌子永遠做着中國進步的攔路石。

固然，在利用孔子的人是自以爲非常得計的。但是，試一究其究竟，這亦不過是他們的自愚而已。從來旣沒有利用孔子而不亡的朝代，並且他們逆時逆道，不知變通，便是眞的奉行孔子的精神，也適以自貽災禍罷了。對於這種人，孔子在當日就下着這樣的警告道：『愚而好自用，賤而好自專，生乎今之世，反（朱註：反，復也）古之道，如此者，裁及其身者也。』

後世雖未必個個「裁及其身」，然孔教不能永遠爲他們保鑣而不亡朝代，這却是事實，他們又何苦貽害國家社會而復陷於自愚呢？

統治者和幫閒士大夫爲了他們個人一時之私，而利用孔子，以貽國家社會無窮之害，誠有如吳虞所謂：『儒術之弊，專制之禍，使一部二十四史膿血充塞』的。因此，中國人便於不知不覺間把國家當作是「不必要之惡」（日本長谷川閑有此說）。統治者及幫閒士大夫眞罪大惡極，無可寬宥。

然而有的人却竟以此而嫁罪於孔子。因爲在表面看來，眞有如夏曾佑所說的：『孔子一身，直爲中國政教之源，中國之歷史，卽孔一人之歷史。』便認爲中國的政教、學術、法典、禮俗……等等全部文化，都可以孔子來做代表，孔子不啻是中國歷史的導演人，所以孔子也就是中國歷史的代表罪魁。五四運動時代『打倒孔家店』的老將吳虞，至斥孔子爲「盜丘」、爲「國愿」，他說：『盜跖之爲害一時，盜丘之遺禍及萬世；鄕愿之誤事僅一隅，國愿之流毒遍天下！』這是孔子之所不任受的。因爲孔子的學說思想本身並沒有禍害着中國，禍害中國者，祇是利用孔子的統治者和少數士大夫，其罪責自應由統治者及少數士大夫負之，那能遷歸之於孔子。日本人更譏笑中國人說：『支那人盲目以崇儒教，眞枯死之國民！』（見「吳虞文錄」所引）。這又是中國人之所不任受的。因爲中國大多數人並沒有且不願「盲目以崇儒教」，硬要中國大多數人「盲目以崇儒教」者，祇是統治者和少數士大夫。「枯死」之詛，自應由統治者及少數士大夫當之，那能籠統指摘於「支那人」！

寫至此，不覺聯想到民初人『打倒孔家店』這個口號。這是不無見地的。孔家店之應該打倒，其罪不一定在孔老闆本人，而應在招搖撞騙的店經理及其夥友。倘易「孔家店」為「孔老闆」，那就不免有問題了。

孔子的眞精神，這樣被強姦曲解，任意顚倒，中國的歷史，在利用孔子的名義之下又弄得那樣烏煙瘴氣，但是，頑固的腐儒如張之洞還偏說是：『我聖教行於中土數千年而無改』。從五帝三王到明、清，一貫地「政教相維」，宗尙儒術。康有為更說：『中國能晏然一統致治二千年者，何哉？誠以半部論語治之也。』眞是白日見鬼。

在封建自私的國家社會，孔子的被名尊實辱，含冤二千年，可說是他的精神本身所注定的了。

偉大的孔子，而生前不免如彼，身後又不免如此。我們不禁為孔子大叫寃屈！我們尤不禁為中國人民大叫寃屈。

孔子本有『敬鬼神而遠之』的話。我們可說，當時人對孔子，實在是『敬鬼神而遠之』；而後世人對於孔子，更是『敬鬼神而遠之』，陽尊陰黜或敬鬼神而遠之，倘不失為孔子的知己；名尊實辱或敬鬼神而違之，乃眞是孔子的罪人！——利用死人來做傀儡，比利用活人來做傀儡還要不道德。

孔子臨死，流着眼淚對子貢說道：『天下無道久矣，莫能宗予！』無道的天下，豈但不能「宗」孔子，而且不能「容」孔子。顏淵對於這一點看得很明白，他說：『夫子之道至大，故天下莫能容。雖然，夫子推而行之，不容何病！不容，然後見君子。夫道之不修也，是醜也。夫道既已大修而不用，是有國者之醜也。不容何病！不容，然後見君子。』

固然，在另一方面，孔子的「不容」，反益見其偉大。然而不幸的是『天下無道久矣』的這個「久」字是拖得太長了，而當時『有國者之醜』的這個「醜」字，後世不但不能給它洗刷掉，且越把它醜惡化了。爲了孔子自己，爲了中國前途，孔子需要從監獄式的大成殿上解放出來，使他窒息了的靈魂自由自在的透一口氣。孔子是決不願意受着幾塊冷牛肉而一輩子受人玩弄下去的。

結尾

從上面的淸算中，我們明白孔子的根本精神，是與傳統尊孔之所尊者恰相違反。凡傳統之所尊者，均非孔子的眞精神；而孔子的眞精神，也決非傳統尊孔者之所能尊。

從上面的淸算中，我們明白傳統的尊孔之內幕，只是一片強姦曲解，任意顚倒，只是一片謊謬醜惡與侮辱。同時，我們也可以明白中國之所謂傳統思想也就是所謂「道統」的內容之一斑。

傳統的尊孔，簡直是中國文化上的一個毒瘤。這毒瘤，倘非加以割制，則中國的思想永遠不得澄淸，而中國的文化也就永遠不得進步！

我們既已把傳統的尊孔淸算明白，我們便不應再爲傳統思想的流毒所害，而應決然把這個文化上的毒瘤無情的割制了。一邊替中國思想界建造一條自由民主的、創造的、理性的、科學的、康莊大道來，使中國的歷史上不再踏上那專制的、復古的、偏狹的、腐敗的、神秘超自然的、以尊孔爲名的「道統」一類的謬說之覆轍。

孔子如果值得尊，請讓人民自自由由的去尊；人民如果要尊孔子，請讓孔子的眞精神直接與人民去接觸，決用不到那第三者的勢力去倡導、去命令、甚至於去強迫的尊着的。

魏晉清談及其影響

杜守素

一

這裏所謂魏晉的清談，指的是魏晉以來支配了那個時代（說詳悉點，就是上起曹魏下迄南北朝這個時代）的思想主潮，不是某些個別的學說或派系的思想。一般說來，思想都是實在世界（自然和社會）的運動的反映。而個別思想之所以能够匯合而成爲思潮，也正因爲它們是在某一歷史時期反映了同一的實在世界的結果。但這並不是說，思想沒有縱的承藉和橫的感染（或反撥）的關係，沒有它自身的邏輯的發展；而是說，這種關係和發展，歸根結柢仍須從它的社會根據去找它的原因和說明：這裏我們便看到了「邏輯的」和「歷史的」之一致。所謂清談這一思潮，原是概括了那時代的思想發展史而說的。

所謂思潮，本是一種譬喻的說法，是取譬於水流的說法。凡是譬喻，只能有若干分似，不能是全部相同。思潮之於水流，也是如此。它和水流不同的地方，就在於它是不斷地揚棄着先行的階段，而這種揚棄是有其社會發展的根源的；故不像水流的細大不捐挾之以俱下。因而不能簡單地只用承藉或感染之類的詞彙來概括它；同時，在時間上也不能確指它的起迄點，只能在其發展過程中找出它的標識罷了。

因此，所謂清談這個名詞，也就只能是以偏舉全的名稱，它的所指實是多方面的。它包含着當時的「談士」們的宇宙觀、人生觀、以及生活、容止、言語等等。故在魏晉之際，多稱爲清談。談士共談，常分主客互相論難，有時也『有爲客主數番』，以求達到「名通」的「勝理」。「世說新語」云：

何晏爲吏部尚書，有位望。時談客盈坐，王弼未弱冠，往見之。晏聞弼名，因條向者勝理，語弼曰：『此理僕以爲極可，得復難不。』弼便作難，一坐人便以爲屈。於是弼自爲客主數番，皆一坐所不及。（「文學篇」）

既求勝理，便涉內容，而名辯律令遂被重視，故稱譽談士，常說某「少有名理」（「世說新語」引「王穀別傳」），「善敍名理」，至有「以辯論爲業」者（「世說新語」引「鄧粲晉紀」曰：『（裴）遐以辯論爲業，善敍名理』）。「義理」的依歸，則爲「三玄」。——三玄也者，周易與老莊也。——當時名士，如何晏『能清言』，『少有異才，善談老易』，（「世說新語」注引「文章敍錄」及「魏氏春秋」）『注老子未畢，見王弼自說注老子旨，何意多所短，……遂不復注，因作道德論。』王弼注老子周易，它的易注「掃棄舊文」「自標新學」，後來孔穎達等奉詔作疏，始專崇王注，而衆說皆廢（「四庫全書總目」，周易正義條）。而向秀郭象也於數十家的『舊注外爲義解，妙析奇致，大暢玄風』（「世說新語」文學篇，它說郭象竊向注事，近人已證其不確）。所以，東晉以後，清談遂被稱爲玄學。

這樣，清談＝玄學的整個傾向，無論說是「虛勝」說是「玄遠」，總歸是趨赴於觀念的世界的；所以，他們自己雖自命爲「風流」，但當時關心世事之士，則貶之爲「浮華」。實在說來，這種浮華的風習，乃是東漢末葉以來的「萍浮」生活的產物。

二

要明白魏晉以來的社會經濟情形，我們不能不回溯於秦漢之際。秦用商鞅之法，廢井田，開阡陌，民『僇力本業（按即農業），耕織致粟帛多者復其身，事末利（按即商工之利）及怠而貧者舉以爲收孥。』（「史記」「商君列傳」）。杜佑通典云：

秦孝公用商鞅，以三晉地狹人貧，秦地廣人寡，故草不盡墾，地利不盡出，於是誘三晉之人，利其田宅，……而務本於內。……故廢井田，制阡陌，任其所耕，不限多少，數年之間，國富民強。

由此可見：商鞅變法時，已具中世封建制度的雛形，所謂『復其身』，即使奴隸獲得解放；所謂『利其田宅』，即以田宅利之，承認其有土地私有權。至少在始皇時，土地私有制度已經確立，故王翦伐楚（始皇二十五年）臨行得『請園池以爲子孫業』（「史記」「白起王翦列傳」）。所以，董仲舒說：

至秦則不然，用商鞅之法，改帝王之制，除井田，民得賣買。富者田連阡陌，貧者亡（無）立錐之地。又顓（專）川澤之利，管山林之饒，荒淫越制，踰侈以相高。邑有人君之尊，里有公侯之富，小民安得不困？……或耕豪民之田，見稅十五（按即田租佔收成十分之五）；故貧民常衣牛馬之衣，而食犬彘之食。重以貪暴之吏，刑戮妄加，民愁亡（無）聊，亡逃山林，轉爲盜賊，赭衣半道，斷獄歲以千萬數。漢興，循而未改。古井田法雖難卒（猝）行，宜少近古，限民名田，以贍不足，塞并兼之路。（「漢書」「食貨志」）

這段說話，敍述秦代社會確實到甚麼程度，雖無從斷定，若把它看做建議限田政策的前提，不欲斥言漢而託之秦，則可說是充分反映當時的情狀的文字。由此可見：(一)漢代封建經濟，這時已發生了毛病；(二)以土地私有，『民得賣買』爲原則的封建社會，必然要走上『并兼之路』；(三)到了『民愁無聊』的時候，勢必至『亡逃山林，轉爲盜賊』，匯而成爲農民戰爭的。

在封建的土地兼并中，商業資本實是一種有力的推進器。鼂錯早在文帝時就這樣說過：

今農夫，五口之家，其服役者不下二人，其能耕者不過百晦（畝），百晦之收，不過百石，春耕夏耘，秋穫，冬藏，伐薪樵，治官府，給徭役，……四時之間，亡（無）日休息。又私自送往迎來，弔死問疾，養孤長幼，在其中，勤苦如此。尙復被水旱之災，急政暴虐，賦斂不時，朝令而暮改，當具，有者半賈（價）而賣，亡（無）者取倍稱之息。於是有賣田宅鬻子孫以償責（債）者矣。而商賈，所賣必倍。故其男不耕耘，女不蠶織，衣必文采，食必粱肉，亡（無）農夫之苦，有阡陌之得。因其富厚，交通王侯，力過吏埶（勢），以利相傾，千里遊敖，冠蓋相望，乘堅策肥，履絲曳縞；此商人所以兼并農人，農人所以流亡也。今法律賤商人，商人已富貴矣；尊農夫，農夫已貧賤矣。故俗之所貴，主之所賤也；吏之所卑，法之所尊也；上下相反，好惡乖迕，而欲國富法立不可得也。（同上）

由此可見：(一)在漢初，是以這樣的小自耕農（『五口之家……其能耕不過百畮』的）爲中堅；(二)商人利用上下之急兼并農人；(三)在『因其富厚，交通王侯』的勢力之下，甚麼改良的政策和法律，都是不會發生效力的。

這種洞察，實不啻宣言了豪強的兼併乃是封建經濟胎裏帶來的不可救藥的死症。不是嗎？請看董仲舒的限民名田的建議，沒有下文；師丹（哀帝時）的限田政策，已規定出具體的方案了，結果也因『丁傅用事，董賢隆貴，皆不便』之，而『遂寢不行』；就是新莽代漢，憑藉皇帝力量，宣佈了『更名天下田曰王田，奴隸曰私屬，皆不得賣買』，行了不久，也告失敗。於是民愁無聊，也就愍不畏死了，『亡逃山林，轉爲盜賊』，有人倡導，便匯合起來反抗，形成農民戰爭。赤眉銅馬等等都是顯例。

光武中興，對於漢制根本沒有什麼變革，不過因爲經過了二十餘年戰爭的大破壞，人口減少，使社會矛盾得到暫時的緩和，順帝以來，所謂「妖賊」「蟊盜」又不斷地騷動起來，終於以黃巾之亂，結束了劉漢的統治，形成三國鼎峙之局。

三國的情形，正如毛玠所說：『天下分崩，國主遷移，生民廢業，饑饉流亡，公家無經歲之儲，百姓無安固之志，難以持久』（「三國志」「毛玠傳」），『於時袁紹軍人皆資椹棗，袁術戰士取給蠃蒲』（「晉書」「食貨志」），甚至宿學如鄭康成也不能不慨歎於『黃巾之亂，萍浮南北』，不能從事學問的研究。雖然，由於軍事政治的需要，統治者曾謀採取種種的方法，如屯田制占田制乃至均田制等制度，欲『敺民而歸之農』，卽使「萍浮」的流民「地著」起來（勞動力與土地再結合），以求社會的安定，可是這些制度既非根本改革，也未徹底施行，所以漢初制度，終不可復，『百姓無安固之志』也如故。反映於思想上，也就必成爲虛玄一路的「浮華」了。

三

正像三國的局勢不始於黃初一樣，淸談的濫觴也不能限自正始。普通的看法，多認魏晉的淸談是兩漢經學的反動，其實，這兩者不僅有着外面的對立，而且還有着內面的蟬連。卽是說，經學發展到東漢之末，它本身已經沒有再往前進的可能，所以在一些大師的身上，已或多或少地表現出了淸談的作風和因素。

漢代經學分有今古文學派。皮錫瑞說：『前漢今文說，專明大義微言；後漢雜古文，多詳章句訓詁』（「經學歷史」）。然而，在一方面，經今文學到了章帝會諸儒於白虎觀『親稱制臨決』並作白虎議奏（「白虎通」）時，經學便變成了欽定的御用敎條，所謂家法也被公開破壞了。於是所謂大義微言者，也就不是師師相傳的東西，而是憑皇帝一己的好惡以爲取捨的。所以它不足以維繫人心，且不說他們的專已守殘固陋淺薄。另一方面，經古文學則章句訓詁日趨煩瑣。正如漢書藝文志所說：『後世經傳既已乖離，博學者又不思多聞闕疑之義，而務碎義逃難，便辭巧說，破壞形體，說五字之文至於二三萬言，後進彌以馳逐，故幼童而守一藝，白首而後能言，安其所習，毀所不變，終以自蔽，此學者之大患也。』這樣煩瑣的經說，實不適於『百姓無安國之志』的社會。所以，東漢之末，有名的經學大師，多已有意無意地在突破家法乃至訓詁的藩籬了。例如：(一)賈逵（西紀三〇——一〇一年）悉傳他父親的古文學，同時也兼通今文學。這種兼通古今的學風，遂成爲大師們共通的特點。後漢書本傳又稱他倜儻不修小節，爲世所譏，故不至大官。這種風度，已啓清談家放達之先聲。又如(二)許愼（據嚴可均所考，大約生於明帝朝，卒於桓帝朝）學於賈逵，博學經籍，馬融也推重他。他著「說文解字」，解說九千三百五十三文，僅有十三萬三千四百四十一字（「說文解字敍」）比着秦近君說堯典篇目，兩字之說至十餘萬言，繁簡何止天淵？似乎是有意思於反煩瑣的。再如(三)盧植（？——一九二年）『少與鄭玄俱事馬融，能通古今學，好研精而不守章句。』（「後漢書」「本傳」）『研精則重義理，不守章句則破除家法。』（賀昌羣「魏晉清談初論」）(四)鄭玄（一二七——二〇〇年）『經傳洽熟，稱爲純儒。』他注經也兼綜今古，時下己意。但是他還有章句之儒所沒有的一面：『時大將軍袁紹總兵冀州，遣使要玄，大會賓客。紹客多豪俊，並有才說，見玄儒者，未以通人許之，競設異端，百家互起，玄依方辯對，咸出意表，皆得所未聞，莫不嗟服』（「本傳」）。折服那些豪俊，並不是一件容易的事。他這套本事，或許是從他老師馬融那裏學來的。最後，(五)我們還得把馬融介紹一下，因爲馬氏是從經學到玄學的過程中間的一位契機的人物，所以特意放在後面可以多說幾句。

馬融（七九——一六六），字季長，扶風茂陵人，將作大匠嚴之子，伏波將軍援之從孫也。融爲人美辭貌，有俊才。初京兆摯恂以儒術教授，隱於南山，不應徵聘，名重關西。融從其遊學，博通經籍（融自敍云：『少而好問，學無常師』），永初二年大將軍鄧騭聞融名，召爲舍人，非其好也，遂不應命。客於涼州武都郡漢陽縣中，會羌虜飆起，邊方擾亂，米穀踴貴，自關以西，道殣相望。融既饑困，乃悔而歎息，謂其友人曰：『古人有言，左手據天下之圖，右手刎其喉，愚夫不爲，所以然者，生貴於天下也。今以曲俗咫尺之羞，滅無貲之軀，殆非老莊所謂也。』故往應隲召。融才高博洽，爲世通儒。教養諸生，常有千數。喜鼓琴，好吹笛，達生任性，不拘儒者之節，居宇器服多存侈飾，常坐高堂，施絳紗帳，前授生徒，後列女樂，弟子以次相傳，鮮有入其室者。著三傳異同說，注孝經、論語、詩、易、三禮、尙書、列女傳、老子、淮南子、離騷。初融懲於鄧氏，不敢復違忤埶（勢）家，遂爲梁冀草奏李固，又作大將軍西第頌，以此頗爲正直所羞。年八十八，延熹九年卒於家。

依上述看來，馬融起初拒絕鄧氏之命，旣因饑困，又悔而應召，及生活安定，便『奢樂恣性』，列女樂，居服器用多存侈飾，活畫出一位貴戚出身不耐勞苦的風流人物。在這種生活樣式中，已可看到後來淸談人物風流生活的雛形。這不僅形式而已，在主觀精神上也是如此。所謂『老莊所謂』。正指『生貴於天下』而言，所以范曄說他『達生任性』，一點也不錯。後來他『懲於鄧氏，不敢復違忤勢家，遂爲梁冀草奏李固』，固可能有當時外戚與宦僚互相植黨爭權的內幕，但也未曾沒有老莊貴生的思想挾雜其中。從淸議人士看來，這便「頗爲正直所羞」，但從淸談人物的觀點說，又是歸於所安而已矣，物我異觀，亦更相笑也。』（「馬融傳論」）卽「安」於「老莊所謂」也。於此可見當世經學大師怎樣地突破了經學的藩籬而趨向於老莊思想的了。

* * * *

東漢之末，外戚閹寺及官僚中間，植黨爭權，搏鬥劇烈，所謂儒學淸流（主要是在野名流及太學諸生）也牽涉其中，評擊執政，標榜淸議，而終於演成黨錮之禍；政治腐敗，黃巾遂盛。後漢書黨錮傳敍其源委頗詳：淸議之起，實由『桓靈之間，主荒政謬，國命委於閹寺，士子羞與爲伍，故匹夫抗憤，處士橫議；遂乃激揚名聲，互相題拂，品覈公卿，裁量執政，婞直之風於斯行矣。』又云：『渤海公族進階（姓公族，名進階），扶風魏齊卿，並危言深論，不隱豪強，自公卿以下，莫不畏其貶議，屣履到門。……其後（黨禍之後）黃巾遂盛，朝野崩離，綱紀文章蕩然矣。凡黨事始自甘陵汝南，成於李膺張儉，海內塗炭二十餘年，諸所蔓衍，皆天下善士。』這裏所謂『激揚名聲，互相題拂』，如『學中語曰：天下模楷李元禮，不畏強禦陳仲舉，天下後秀王叔茂』是；所謂『品覈公卿，裁量執政』，則如『鄉人爲之謠曰：天下規矩陳伯武，因師獲印周仲進』是。這樣的風謠、題目，擴大起來，便爲當時的政論（主要表現爲章疏），演變下去，就其現爲後來清談的品藻題目，後者與前者不同，只在於日趨空靈縹緲，成爲抽象的概念遊戲而已。

這裏就有着清議向清談的演化的過程。按由清議到清談的演變，本爲社會經濟上由「地著」到「萍浮」的反映，但政治的壓力卻爲促成這一過程的有力的因素；而郭林宗實可以看做其現這一轉捩過程的契機人物。

據范曄郭太傳（曄避父諱，改泰爲太），林宗『博通墳籍，善談論，美音制』『善人倫』（卽品藻人物），『性明知人，好獎訓士類』，『其獎拔士人，皆如所鑒』；嘗謂『奉高之器，譬之泛濫，雖清而易挹；叔度之器，汪汪若千頃之波，澄之不清，撓之不濁，不可量也。已而果然。』『以是名聞天下。』又『褒衣博帶，周遊郡國』，『遇雨，巾一角墊，時人乃故折巾一角，以爲林宗巾。』這種言動容止，識鑒品題，都是清談人物的風流的先聲。他在當時，爲河南尹李膺所賞識，爲太學諸生三萬餘人的領袖（『黨錮傳』敍云：『太學諸生三萬餘人，郭林宗賈偉節爲其冠，並與李膺陳蕃王暢相褒重。』）身雖不應辟舉，但「周游郡國」「獎拔士人」，實不是忘情世道者，范滂說他「貞不絕俗」，當是指此。

黨事將起，『（張）成弟子牢脩上書誣告李膺等，養太學游士，交結諸郡生徒，更相驅馳，共爲部黨，誹訕朝廷，疑亂風俗，』林宗爲諸生領袖，並與黨錮中人多相友好，何以能够不被波及？范書歸諸『不爲危言覈論』，說：『林宗雖善人倫，而不爲危言覈（覈，峻急也）論，故宦官擅政而不能傷也。及黨事起，知名之士多被其害，唯林宗及汝南袁閎得免焉。』（「本傳」）林宗「得免」的原因，是不是完全在此？書闕有間，無法確言，但他的『不爲危言覈論』，當屬事實。抱朴子正郭篇嘗說林宗不是眞正的隱者：說是『蓋欲立朝則世已大亂，欲潛伏則悶而不堪，或躍則畏禍害，確然則非所安；彰徨不定，載肥載臞。』又託諸問者說：『然則斯人乃避亂之徒，非全隱之高矣。』葛洪這一批評，在他主觀固在貶責林宗不是眞隱，但在客觀上却指出林宗思想的眞實：即在客觀環境與主觀願望的矛盾中，得出一種方法：——「獎訓士類」，以匡危敝，「不爲危言覈論」，以避禍害。這樣，纔能說明林宗不肯應徵而又周遊郡國的言行間的矛盾。（黨事起後，「遂閉門教授」，及陳竇被害又『哭之於野，慟，明年卽卒，』表示他不是單純消極的。）然而他的『天之所廢，不可支也，』的話果不幸言中，於是這消極的一面，遂成爲當世的氣氛，（如荀爽勸李膺『屈節以全亂世』）魏晉以後淸談避實就虛的「玄遠」。

四

前面說過，淸談＝玄學的內容爲三玄加上名辯。但若不知道淸談所討論的問題，便不能够眞正了解它的具體的內容。南齊書王僧虔傳，載有他所作誡子書，是最能概括地把它們敍述出來的：

往年有意於史，取三國志聚置牀頭百許日，復徙業就玄，自當小差於史，猶未盡彷彿。曼倩（東方朔）有云：『談，何容易？』見諸玄，志爲之逸，腸爲之抽，專一書，轉通數十家注，自少至老，手不釋卷，尙未敢輕言。汝開老子卷頭五尺許，未知輔嗣何所道，平叔何所說，馬鄭何所異，指例何所明，而便盛於麈尾，自稱談士，此最險事。設令袁令(粲)命汝言易，謝中書(朏)挑汝言莊，張吳興(緒)叩汝言老，端可復言未嘗看耶？談故如射，前人得破，後人應解，不解即輸賭矣。且論注百氏，荊州八袠，又才性四本，聲無哀樂，皆言家口實，如客至之有設也，汝皆未拂耳瞥目，豈有庖廚不修，而欲宴大賓者哉？就如張衡思侔造化，郭象言類懸河，不自勞苦，何由至此？汝未窺其題目，未辨其指歸，六十四卦未知何名，莊子衆篇，何者內外？八袠所載，凡有幾家？四本之稱，以何爲長？而終日欺人，人亦不受汝欺也。

僧虔好玄，又深研玄學，『專一書，轉通數十家注，自少至老，手不釋卷』，故能了解它的「指歸」和「題目」，所言當可代表當時一般見解。略加分析，可得下列要點：(一)清「談」即是「玄學，前就表現形式說，後就依據內容說的。(二)玄學所依據的書爲易、老、莊，所謂三玄；但莊重於老。(三)談玄是儒道兼綜，故於易(儒)莊老(道)外，又及張衡、馬(融)、鄭(玄)，「荊州八袠」。(四)玄學始自何(晏)王(弼)，故首提輔嗣平叔。(五)當時重要的討論題目，(也就「言家口實」，)有玄學的派別問題，所謂『論注百氏，荊州八袠』，『莊子衆篇，何者內外？八袠所載，凡有幾家？』(六)有四本論，即『才姓四本』，『以何爲長』？有所謂「聲無哀樂」論，爲王導所舉「三理」之一。(七)玄學重名理，並須注意它發展的史實，故云『談故如射(射覆)，前人所破，後人應解，不解即輸賭矣。』以下即以這爲線索來說明清談。

一、清談以三玄爲指歸，而何(晏)王(弼)二氏對於「論語」、「周易」及「老子」都有論注：——何晏有論語集解，王弼也有論語釋疑(今佚)；何晏有周易解(今佚)，王弼也有「周易略例」及「周易注」(爲孔穎達「周易正義」所本，後來「道學」所宗)；何晏著「道德二論」，王弼有「周易注」。「世說新語」云：

何平叔注老子成，詣王輔嗣，見王注精奇，迺神伏曰：『若斯人，可與論天人之際矣！』因以所注爲「道德二論」（「文學篇」）

可見道德二論爲老子注的變形。他們都兼綜儒道，且從本體論方面入手，而實則是以道化儒的。「世說新語」云：

王輔嗣弱冠詣裴徽，徽問曰：『夫無者誠萬物之所資，聖人莫肯致言，而老子申之無已，何耶？』弼曰：『聖人體無，無又不可以訓，故言必及有；老莊未免於有，恆訓其所不足。』

這就是在本體論上證明孔子與老莊一致的。又據「世說新語」注引『文章敍錄曰：自儒者論，以老子非聖人，絕禮棄學；晏說「與聖人同」，著論行於世也。』是晏也贊同王理的。後來遂爲通理：『阮宣子（修）有令聞，太尉王夷甫見而問曰：「老莊與聖教同異？」對曰：「將無同」。』（「世說新語」，文學篇）這在阮瞻傳又作『司徒王戎問曰：「聖人貴名教，老莊明自然，其旨同乎？」瞻曰：「將無同」。』可見傳聞異辭，由於已成通理。——這樣兼綜，是使儒家的名教與道家的自然更觀念論化，更形而上學化了。所以，荀粲要說：『六籍雖存，固聖人之糠粃。』（「魏志」「荀彧傳」引「晉陽秋」）。魏晉玄學的特點在此。

二、四本論，也是魏晉淸談的一個中心問題，可惜現在知的太少，「世說新語」有下列幾條：

鍾會撰四本論始畢，甚欲使嵇公（康）一見，置懷中旣定，畏其難，懷不敢出，於戶外遙擲，便回急走。（文學篇）

注引『魏志曰：會論才性同異，傳於世。四本者，言才性同，才性異，才性合，才性離也。尙書傅嘏論同，中書令李豐論異，侍郎鍾會論合，屯騎校尉王廣論離，文多不載。』可知四本論是討論才性之同異合離的，當是論「體用」的關係，這是本體論必有的系論，故當時頗爲重視。（所以紛紜，則爲黨派離異的反映。）嵇公必長於此道，故會『畏其難，懷不敢出，於戶外遙擲，便回急走』；證以嵇康集有「難自然好學論」可知。「世說新語」云：

殷中軍（浩）雖於思慮通長，然於才性偏精，忽言及「四本」，便苦湯池鐵城無可攻之勢。

殷仲堪精覈玄論，人謂莫不研究，殷乃歎曰：『使我解「四本」，談不翅爾。』

由此可見，涉及才性問題，雖「思慮通長」「精覈玄論」的言家，猶是不敢掉以輕心的。這裏，不想再加推測，只引何王關於性情的理論以作參考：

何晏以爲聖人無喜怒哀樂，其論甚精，鍾會等述之。弼與不同，以爲聖人茂於人者，神明也；同於人者，五情也。神明茂，故能體沖和以通「無」；五情同，故不能無哀樂以應物；然則，聖人之情應物而無累於物者也。今以其無累，便謂不復應物，失之多矣。（「魏志」「鍾會傳」引「劉邵王弼傳」）

故他注易「文言」云：『不爲乾元，何能通物之始？不性其情，何能久行其正？』所謂「性其情」，即是他「答荀融難大衍義書」中的『以情從理』。（這裏就有了道學家的性情論的淵源。）

(三)所謂三理，「世說新語」嘗舉其目說：

舊云：王丞相（導）過江左，只道「聲無哀樂」，「養生」，「言盡意」三理而已；然宛轉關生，無所不入。

聲無哀樂論和養生論，爲嵇康所作，是當時熱烈討論的問題，現存嵇康集中的，即以辯論的形式表現出來。關於聲無哀樂論，劉孝標注引其略云：

夫殊方異俗，歌笑不同，使錯而用之，或聞哭而懽，或聞歌而感，然哀樂之情均也。今用均同之情，發萬殊之聲，斯非聲音之無常乎？

關於養生論，劉注引云：

夫蝨著頭而黑，麝食柏而香，頸處險而癭，齒居晉而黃，豈帷蒸之使重無使輕，芬之使香勿使延哉？誠能蒸以靈芝，口以醴泉，無爲自得，體妙心玄，庶與羨門比壽，王喬爭年，何爲不可養生哉？

這種論爭，當然有它的社會背景，如當時的耆樂恣性，服藥損生；但是深一層論，必然要歸結到主觀與客觀（聲無哀樂論），精神與形體（養生論）的關係的問題，所以，能够引起那樣的論爭，値得我們的研究。

至於言盡意論，則爲歐陽建的主張，晉書本傳只言他『雅有理思，才藻美贍』，沒有提到此論，劉注引云：

夫理得於心，非言不暢，物定於彼，非名不辯，名逐物而遷，言因理而變，不得相與爲二矣。苟無其二，則言無不盡矣。

歐陽此論，似對何王等的「言不盡意論」而發，乃一般名實關係的一種特殊問題。何晏有「無名論」，謂『夫唯無名，故可得以天下之名名之，然豈名也哉？』（列子仲尼篇注引）王弼易注云：『得意在忘象，得象在忘言』。兩相比較，言不盡意論是更形而上學化了；因而言盡意論便較接近於常識，在邏輯上，它是衍着荀子和墨經的系統的。

三、清談家重名理，故不能離開名辯，但是他們的名辯却是衍着惠施公孫龍的體系，這是爲他們的形而上學的立場所限定了的。「世說新語」云：

司馬太傅問謝車騎：『惠子其書五車，何以無一言人玄？』謝曰：『故當是其妙處不傳。』

謝安年少時，請阮光祿道白馬論（按係公孫龍子中的一篇）。爲論以示謝，於時謝不即解阮語，重相咨盡。阮乃歎曰：『非但能言人不可得，正索解人亦不得。』

惠施公孫龍的名辯都是詭辯和形而上學的臭味極重的。其實，談士們往往務在求勝，不問眞理何在，眞是爲辯論而辯論的。試舉一例：

許掾年少時，人以比王苟子，許大不平。時諸人士及于法師並在會稽西寺講，王也在焉，許意甚忿，便往西寺與王論理，共決優劣，苦相折挫，王遂大屈。許復執王理，王執許理，更相覆疏，王復屈。許謂支法師曰：『弟子向語何似？』支從容曰：『君語佳則佳矣，何至相苦耶？豈是求理中之談哉？』

所以，在這種只圖「相苦」取勝，不「求理中之談」中，論辯是必然要走向詭辯的。

五

總而言之，清談的盛行是有它的社會根據的。在那樣的戰爭不絕篡奪頻仍的時代，百姓無安固之志，不論是陰陽迷信的微言大義，或者是碎義逃難的章句訓詁，都不足以維繫人心。此其一。在執政方面，則軍事第一，無取於空言仁義，故在曹操，認爲『有行之士，未必能進取，進取之士，未必能有行也。……士有偏短，庸可廢乎？』（建安十九年令）甚至於求『負汙辱之名，見笑之行，或不仁不孝，而有治國用兵之術者。』（建安二十二年令）杜恕雖痛言『今之學者師商韓而上法術，競以儒家爲迂闊不周世用，此最風俗之流弊，創業者之所致愼也，』但終不能挽救儒家經學的沒落。此其二。同時，篡竊之世，忌諱繁多，淸談自是一種避禍妙法，眞隱未必遂可免患。例如『司馬景王東征，取上黨李喜以爲從事中郎，因問喜曰：昔先公辟，君不就，今孤召，君何以來？喜對曰：先公以禮見待，故得以禮進退，明公以法見繩，喜畏法而至耳！』（「世說新語」，言語篇）又『晉文王稱阮嗣宗至愼，每與之言，言皆玄遠，未曾臧否人物。』（同上，德行篇）此其三。淸談者流，貌貴整麗，談尙玄遠，衣冠輿蓋，競尙侈靡，迂誕浮華，不涉世務，這種言動容止，固然是素習驕縱，也未曾不是故示高貴，用以震攝庸俗，使人感到『如野鶴之在鷄羣』，『此眞神仙中人』，『此不復似中世人』『自然湝若神君』。「世說新語」載『王夷甫容貌整麗，妙於談玄，恆捉白玉柄麈尾，與手都無分別。潘安仁夏侯湛並有美容，喜同行，時人謂之連璧』。『庾長仁與諸弟入吳，欲往亭中宿。諸弟先上，見羣小滿屋，都無相避意。長仁曰，我試觀之，乃策杖將一小兒，始入門，諸客望其神姿，一時退匿。』（都見「容止篇」）因此遂至迂誕浮華，承平不涉世務，膚脆骨柔，離亂無所逃死。顏之推便這樣地描寫了這種後果了：

吾見世中文學之士，品藻古今，若指諸掌，及有試用，多無所堪。居承平之世，不知有喪亂之禍；處廊廟之下，不知有戰陣之急；保俸祿之資，不知有耕稼之苦；肆吏民之上，不知有勞役之勤：故難可以應世經務也。晉朝南渡，優借士族，故江南冠帶有才幹者，擢爲令僕以下，尙書郎中書舍人以上，典掌機要。其餘文義之士，多迂誕浮華，不涉世務。纖微過失，又惜行捶楚，所以處於淸高，蓋護其短也。至於臺閣令史主書昭帥諸王籤省，並曉習吏用，濟辦時須，縱有小人之態，皆可鞭杖肅督，故多見委使，蓋用其長也。人每不自量，擧世怨梁武帝父子，愛小人而疏士大夫，此亦眼不能自見其睫耳。

> 梁世士大夫，皆尙褒衣博帶，大冠高履，出則車輿，入則扶侍，郭郊之內，無乘馬者。周宏正爲宣城王所愛，給一果下馬，常服御之，舉朝以爲放達，至乃尙書郎乘馬，則糾劾之。及侯景之亂，膚脆骨柔，不堪行步，體羸氣弱，不耐寒暑，坐死倉猝者，往往而然。（「顏氏家訓」「涉務篇」）

這不但表現了清談的士大夫的空談無用，同時也表現了清談的階級意義的。

清談＝玄學的影響，舉其大者，約有三點：第一，它爲佛教準備了溫牀，第二，它爲道學埋下了種子，第三，它助長了後來士大夫的所謂明哲保身的鄉愿風習。

佛教傳來，佛徒與談士，過從日密，清談自然不免要受些影響，但在初期，所受實不如所予之多。因爲玄學盛行的結果，「無」的本體意義，已爲一般談士的「口實」，對於佛教的「空」義，已經準備好了接受的素地（而清談發展的社會條件，也適合於大乘空宗的生長的）。因此，佛教在東晉南北朝時便採取「格義」的形式而普及於當時的思想界中。所謂格義者，就是以外典(儒道經籍)來說明內典（佛教經論）的奥義。湯用彤先生便如次地規定說：『格義者何？格，量也。蓋以中國思想，比擬配合，以使人易於了解佛書之方法也。』（「漢魏兩晉南北朝佛教史」上卷）這裏所謂中國思想（也即外典），雖也雜採一般經傳，但主要的却是經過了清談化的易老莊的思想。高僧傳云。

> 遠年二十四，便就講說。嘗有客聽講，難實相義，往復移時，彌增疑昧。遠乃引莊子爲「連類」，於是惑者曉然。是後安公特許慧遠不廢俗書。（「慧遠傳」）

這就是說，佛教到了相當普及之後，曾經力求獨立，禁止採用格義，但終因事實還需要「俗書」（指莊子之類），故安公特許慧遠引用。這類痕跡，在初期佛教經論，隨在可見。

清談對於道學的影響，也很重大。如上所述，由於清談＝玄學的儒道兼綜的結果，儒家的性天等的理論便形而上學化了，尤其是王弼易注早成爲道學家的聖典。所謂『性其情』，『以情從理』，『聖人之情應物而無累於物』等等，都可以在宋儒道學中看到它們的發展形態：關於這點，戴東原的「孟子字義疏證」，當能給我們更多的例證與暗示。

宋明理學相同的缺點

蔡尚思

所謂理學，本有廣狹二義：廣義的理學，實包括陸王學派；狹義的理學，纔單指程朱學派。本文所說的理學，是指廣義的而非指狹義的。理學的主要時代在宋明：其主要派別有二，卽程朱、陸王兩學派的互相對立。

我對於程朱、陸王兩學派不同的缺點，已經另有「陸王派哲學的批判」（見「中國建設月刊」五卷六期）「程朱派哲學的批判」（亦將發表）兩文的分別指出；現在再作此文來專論其相同的缺點：

一　地主的立場

就階級的立場來說：二程、朱熹、張栻、陸氏……那般理學大師，都是官家地主的子弟；而自己也常做官（詳見「宋史」道學傳、儒林傳），如朱熹、許衡、王守仁、李光地……等的官位都是很高，所以和下層大衆很隔閡，不知稼穡之艱難，不知痛苦爲何物，其思想全是代表上層，而不適於實際之用。章炳麟「思鄉原上」也說：『鄉原者多持常訓之士，高者卽師洛閩。……洛閩所以拙者，以其生於長吏聞人之間，不更稼穡，不知人情隱曲，故節行不及中庸，徒謹敕寡過，事君以誠，上睎蕭何，下乃擬萬石君。若夫管寧、胡昭、翟湯、朱沖者，無一民尺土之藉，政不逮下，而姦佻數萬化之明，非程頤、楊時、李侗、朱熹之所至也。……程、楊、李、朱者，可謂鄉原之秀；中行則未也。』

理學家既代表地主階級，所以明認貧富是天經地義，極盡偏袒富人的能事，而其中尤以張載、陸九韶、許衡等的議論爲最反動，張載名爲最仁慈，如在西銘，大言「民吾同胞，物吾與焉」；而實則最殘忍，如說：『井田至易行，……須使民悅從，其多有田者，使不失其爲富，借如大臣有據土千頃者，不過封與五十里之國，則已過其所有，其他隨土多少與一官，使有租稅，人不失故物。治天下之術，必自此始』（張子全書、理窟、周禮）。這裏所說的民是指地主，而不是指農民。他要使地主悅從的政策，是幫助地主，而不是制裁地主。有史以來，從未看見此種「掛羊頭、賣狗肉」的益富損貧的井田制度。陸九韶說：『富貴貧賤，自有定分』（居家正本）。許衡說：『天有寒暑晝夜，物有生榮枯瘁，人有富貴貧賤』（魯齋遺書、語錄）。這是明認階級對立爲不易的眞理。

二 三教的雜家

(1)佛道兩家的同點

潘平格謂周、邵、程、朱近道，陸、王近禪（詳見李塨「恕谷後集」萬季野小傳，醒齋文集序，學記恕谷四；及歸莊玄恭文續鈔，黃宗羲南雷文案）；其實佛道二家，亦有相同之點，並且同爲朱王兩派所本，如唯心、重內、靜坐、冥想、不言、絕學、無名、去欲、達觀、知足之類皆是；只是程度的深淺有點不同。例如道主寡欲，佛主絕欲；道主忘世，佛主厭世。……此在李塨已經看出一些：

自周濂溪以主靜立教，程朱陸王因之，用白晝靜坐以爲存心立本。考之古經無是也。敬姜曰：天子大采朝日，……日中考政；……少采夕月，……日入，……禘郊，……而後即安。諸侯朝修天子之業命，晝考其國職，夕省其典刑，夜儆百工使無滔淫而後即安。卿大夫朝考其職，晝講其庶政，夕序其業，夜庀其家事而後即安。士朝而受業，晝即講貫，夕而習復，夜而計過，無憾而後即安。庶人以下，明而動，晦而休，無日以怠，故易曰終日乾乾，行事也。是古經自天子以至庶人，無白晝靜坐者。宰予晝寢，孔子責之；子貢求息，孔子斥以惟死乃息。古雞鳴夙興，不惟君子學學爲善也，即小人學學於利，亦終日無暇焉。戰國時，莊列學起，南郭子綦隱几而坐，嗒焉喪我，爲靜坐觀空之始，後佛道二派祖之，參禪入定，閉目垂簾，公然晝廢，乃異端也，吾儒胡爲染之哉？

按老子主張「不爲目」，「不出戶，知天下」，南郭子綦進而隱几靜坐。中國的靜坐冥想，最早見於道家；至宋以後，儒始道化、佛化，確如李氏所云；但佛家固另有其更進步的靜坐法，而李塨竟以爲佛教本於道家，殊不合事實。

(2)程朱陸王兩派的同點

世人多只知程朱（包括周、邵、二張等鉅子）、陸王兩派的對立，而不知其相同之點也正不少，現試舉數例於左：

(一)靜坐而不活動　陸王派極注重靜坐，接近禪宗，如陳憲章不論自學和教人，都不出此靜坐法，他說：『老拙每日飽食後，輒瞑目坐竟日』（與光祿何子完）。『於是舍彼之繁，求吾之約，惟在靜坐。久之，然後見吾此心之體，隱然呈露，常若有物，日用間種種應酬，隨吾所欲，如馬之御銜勒也。體認物望，稽諸聖訓，各有頭緒來歷，如水之有源委也。於是渙然自信，曰：作聖之功，其在茲乎！有學於僕者，輒教之靜坐。蓋以吾所經歷，粗有實效者告之，非務爲高虛以誤人也』（復趙提學僉憲）。『學勞擾則無由見道，故觀書博識，不如靜坐』。（與林友）『爲學須從靜中養出個端倪來，方有商量處；……未可便靠書策也』（與賀克恭黃門）。而王守仁也常教人靜坐，如說：『前在寺中所云靜坐事，非欲坐禪入定，蓋因吾輩平日爲事物紛拏，未知爲己，欲以此補小學收放心一段工夫耳』（「文錄」、與辰中諸生書）。『吾昔居滁時，見諸生多務知解，口耳異同，無益於得，姑教之靜坐，一時窺見光景，頗收近效』（「傳習錄」下）。他自己曾在四明山陽明洞靜坐，最後甚至於有臥棺的事情，他以爲：世間一切都不足怕，只有死最可怕，所以造一石棺，以嘗死的味道，所謂「致長知」，便是在石棺中悟得的。他如王畿說：『吾人未嘗廢靜坐』（龍谿全集、三山麗澤錄）。而羅洪先更曾「靜坐十日」（羅念庵文錄、與尹道輿）。程朱派實亦最重禪宗的靜坐，如程顥說：『性靜者可以爲學』（宋元學案十三）。程頤：『每見學者能靜坐，便歎其好學』（鶴林玉露卷三）。陳獻章與羅一峯書也說：『伊川先生每見人靜坐，便歎其善學。此一靜字，自濂溪先生主靜發源，後來程門諸公，遞相傳授，至於豫章、延平，尤專提此教人。學者亦以此得力。晦翁恐人差入禪去，故其說靜，只說敬，如伊川晚年之訓，此是防微慮遠之道，然自學者須自量度如何，若不至爲禪所誘，仍多著靜，方有入處。若平生忙者，此尤爲對症之藥。』袁枚批評得好：『更可笑者：張魏公（浚）敗於符離，殺人三十萬，而其子南軒（栻）夸家父有心學，故能寂然不動，鼾聲若雷。呂希哲講主靜之學，至於肩輿過溪，輿夫墜水死，而安然不問。此種惡僧入定光景，於彼法且爲下乘，而晉唐士大夫宗釋氏者，所未有也』（答某學士）。這種修養方法，是愈「麻木不仁」愈「到家」的，簡直等於飯桶、游民、死人、廢物。王源「居業堂文集」與方靈皋書更痛快的評道：『……禪之明心見性，似亦無惡於天下，而必不可雜於其學者，何也？以其爲天地之豺狼，生民之盜賊也。何以言之？天地之大德曰生，人受天地之氣以生，未有不好生者，此好生之心，所謂惻隱之心也。惻隱之心，固結而不可解，故君義臣忠，父慈子孝，兄愛弟敬，夫和妻順，而聖人能盡其心性，故能盡人物之性，此聖人之於心性，實能復而全之，體而充之，而德以之明，民以之親也。佛氏則不然：舉所謂心與性者而滅之，而後謂之明，而後謂之見。夫必滅之而後謂之明，謂之見，則彼之心明性見，而天地之生機熄矣，人心之惻隱亡矣，可以立視其父子兄弟之死而不動矣。天主生而彼主滅，人欲生而彼欲滅，是與豺狼之以殺人成性，盜賊之以殺人成能者，何以異哉？顧文之以慈悲戒殺，混之以滅爲不滅，是豺狼鳴和鸞以噬人，盜賊習揖讓而行刧也。嗟乎！學術不明，陽明既顯雜於佛氏，程朱亦隱壞於佛氏，靜坐觀道，非禪而何哉？……』

(二)內出而不外入　理學重內出而不重外入，是玄學而不是科學。這如陸九淵主張「內出」道：「曾子三省是裏面出來，其學不傳；諸子是外面入去，今傳於世者，皆外入之學，非孔子之眞。」而程朱派也是側重內學的，如程子主「直內」道：『主一之謂敬，所謂一者，無適之謂一。且欲涵泳主一之義，一則曰無二三矣，言敬。無如聖人之言易，所謂敬以直內，義以方外。須知直內，乃是主一之義。』朱熹也說：『敬以直內，是持守工夫；義以方外，是講學工夫』（「朱子全書」卷二十八）。他答黃文卿書又主「向裏」道：『爲學之道，只在着實操存，密切體認自己身心上理念，切忌輕自表襮，引惹外人辯論，枉費應酬，分却向裏工夫。』

(三)尋樂而不吃苦　周敦頤敎二程尋孔顏樂處，王守仁也說：『樂是心之本體』，陳獻章亦謂『此學以自然爲宗，自然之樂，乃眞樂也。』他如邵雍、王艮等皆同傾向此點。

(四)頓悟而不漸進　陸王固主頓悟；而朱熹也謂：『一旦豁然貫通，而衆物之表裏精粗無不到。』李紱且認陸學非「頓悟之禪」，朱熹此種頓悟的言論，比陸學的程度還要深(穆堂初稿、發明本心說)。袁枚亦以爲：朱熹增此「一旦」二字，遂墮入佛氏參禪頓悟之邪徑，陸王因之創爲良知之說。

(五)唯心而不唯物　第一、是心中能推知一切，如邵雍說：『夫所以謂之觀物者，……非觀之以目，而觀之以心也；非觀之以心，而觀之以理也。天下之物，莫不有理焉，莫不有性焉，莫不有命焉』(「皇極經世」、觀世篇)。『聖也者，人之至者也。……謂其能一心觀萬心，一身觀萬身，一物觀萬物，一世觀萬世者焉』(同上、觀物內篇)。聖人『能以心代天意，口代天言，手代天工，身代天事。』(同上)程顥也說：『理則天下只是一個理，故推至四海而準，須是質諸天地，考諸三王不易之理』

（「二程遺書」卷二上）。陸九淵也說：『東海有聖人出焉，此心同也，此理同也，至西海、南海、北海有聖人出，亦莫不然。千百世之上有聖人出焉，此心同也，此理同也；至於千百世之下，有聖人出，此心此理亦無不同也』（「宋史」、儒林、陸九淵傳、又「象山全集」、「雜說」、及「象山語錄」）。綜上以觀，可知兩派都認心是萬能的，同然的，不論空間時間，事事物物，全是可以用一個心去推知的。

第二、是一切都不出心中，如陸九淵、王守仁既明認心外沒有宇宙萬物；（另詳拙作陸王派哲學的批判）而邵雍也主張：『物莫大於天地，天地生於太極，太極卽是吾心，太極所生之萬化萬事，卽吾心之萬化萬事也。故曰天地之道備於人。』

（六）道義而非功利　　周、漢儒家如孔、孟、董仲舒等，已經大辨義利；到了宋儒，對於義利，辨得更厲害，如張栻謂：『學者潛心孔孟，必求其門而入。以爲莫先於明義利之辨。』而陸九淵也教人先作「義利之辨」。又朱熹知南康，九淵來訪，熹和九淵同到白鹿書院，請得一言以警學者，九淵爲講「君子喻於義，小人喻於利」一章道：『學者於此當辨其志：……志乎義則所習者必在於義，所習在義，斯喻於義矣；志乎利則所習者必在於利，所習在利，斯喻在利矣』（「白鹿洞講義」）。熹亦歎其切中學者隱微深痼之病！

周漢儒家和宋明理學家妄將道義功利分開，極力排斥功利，以致結果毫無用處。古代學者，見到此點的，有：周末墨、法二家，和宋：李覯、陳亮、葉適；明：焦竑、李贄；清：馮班、顏元、焦循、曠敏本、劉光蕡、黃以恭……等，詳見拙著「中國思想研究法」二一九至二二一頁。

（七）本體而無實用　　陸九淵認天下米鹽之類是細事，人主不應關懷躬理：『臣聞人主不親細事，……今天下米鹽靡密之務，往往皆上累宸聽，臣謂陛下雖得皋陶周公，亦何暇與之論道經邦哉？……臣謂必深懲此失，然後能遂求道之志，致知之明，陛下雖垂拱無爲，而百事詳矣』(刪定官輪對劄子五)。可見此種「求道致知」是和社會民生不兩立的。顏元『閱宋人覺其君用曉事人，勿用辦事人。嘆曰：「官乃不許辦事耶？曉事者皆不辦事耶？愚謬至此，不亡得乎？」』(「顏習齋年譜」)。又再評道：『孔子祖述堯舜，孟子言必稱堯舜，正見明新兼至之學，原是學作君相，後世單宗孔子，不祖堯舜，雖亦或言孔子即堯舜，其實是明體不達用之隱病所伏也。所以二千年來，只學孔子講說詩書，將其新民之學全失；便是做明德處，亦不過假捏禪法。不惟其成就，不堪帝，不堪王，不堪將，不堪相；乃從其立下功本處，便是於帝王將相之外，世間另做個儒者。噫！豈不可怪也哉？歷代相承，又交相掩護其癖而莫爲之發；是其割療無日，將殘疾羸疲之儒脈，卒至淪胥以亡而後已也！噫，豈不可哀也哉？』(「顏習齋言行錄」)王源也說：『予嘗慨宋後儒者，講性命不講經猷，方幅以臨其才，佔畢瞑坐以柔其習，自謂有得聖學，而使英奇束手不能有爲，奸宄得以自恣而無所忌，不但不及聖人之經綸，且遠出漢唐名臣建立之下。』(「大學辨業題辭」)李塨也說：『自秦火後，而學術劃然一變，古聖口傳身示之實迹，無從授受，不得不尋之載道之籍，如所謂經書者，既尋之經書，遂因而習行少，講說多，德行讓之長者，如陳實、荀淑等；政事讓之雄豪，如周亞夫、霍光等；而專箋註傳經爲儒者，用是塞天地、橫四海之聖道僅存一線，陵夷以至五季，程朱諸儒出，慨然欲任聖緒，……而沿流既久，尋源爲難，知訓詁不是爲儒，而內益之以心性，外輔之以躬行，變箋疏之名爲章句語錄，以爲發明聖道非僅訓詁，自謂超漢唐而接孔孟矣。孰意漢後二氏學興，宋儒又少聞其說，於是所謂存心養性者，雜以靜坐內視，浸淫釋老，將孔門不輕與人言一貫性天之教，一概乖反，處處講性，人人論天，而外以孝弟忠信爲行，註經論道爲學；獨於孔門之禮樂兵農，執射執御，鼓瑟會計，忽焉不察，以爲末務；又諉之於小學已失，而遂置之。於是退處則爲鄉黨自好，立朝願爲講官諫臣，所講特門戶以轉世教者，不過如是。若其濫竽贊鼎並得罪宋儒者，又不足辯也。而至於扶危定傾，大經大獻，則拱手推之粗悍豪俠，其自負直接孔孟者，僅此善人書生之學而已。……所痛者，不自以爲不足，而攔然全任聖道，率天下之聰明傑士盡網其中，以容虛之禪悅，怡然於心；以浮夸之翰墨，快然於手目。明之末也，朝廟無一可倚之臣，天下無復辦事之官，坐大司馬堂，批點左傳，敵兵臨城，賦詩進講，其習尙至於將相方面，覺建功奏績，俱屬瑣屑，日夜喘息著書，曰此傳世業也，以致天下魚爛河決，生民塗毒。嗚呼！誰實爲此？無怪顏先生之垂涕而道也！』（與方靈皋書）

顏、李並認其所以如此無用，實由於讀書靜坐：『爲愛靜坐談之學，久必至厭事，厭事必至廢事，遇事即茫然。賢豪不免，況常人乎？予嘗言誤人才敗天下事者，宋人之學，不其信夫！』（「顏習齋年譜」）『閱讀久則喜靜惡煩，而心板滯迂腐矣。程子曰：玩物喪志，謂書如佳山艷悉，愛玩不釋，日日登臨，而爲聖爲賢之志反喪矣。……乃千餘年成一文墨誦讀之世，而人才日下，世教日衰，魚爛瓦解，莫可收拾，則可知學文之文不專書冊，而讀解書冊尤不足言學矣。故起誚者之口曰白面書生，曰書生無用，曰林間咳嗽病獮猴，而謂誦讀以養身心誤哉。李白曰：借問如何太瘦生，只爲向來作詩苦。則肌體日消，心體自脆，何養之有？顏先生所謂讀書人率習如婦人女子，以識則戶隙窺人，以力不能勝一匹雛也。若曰明理，則宋明創立道學名，日講道而道字誤解，日講學而學字誤解，日講誠意主敬存誠而俱誤解，所謂明理者安在？乃知每書讀取千萬遍之一誤盡誤也！』（李塨與樞天論讀書）

但顏元、李塨、王源等，却還很推許王守仁的事功，以爲是眞豪傑。這實不對：如何珊說：『今日理出於心，心存則萬理備，吾道一貫，聖人之極致也，奚是外求？吾恐其修養治平之道反有所略，則所學非所用，所用非所學，於古人之道不免差矣！』潘平格說：守仁之學，覺無擔當天下之力，其門人多喜山林，無栖皇爲世之心。而章炳麟也說：『塗說之士羨王守仁，夫學術與事功不兩至，……守仁之學至淺薄，故得分志於戎事。……其學既卑，其功又不足邵，校功能之高下，而曰堯舜猶黃金萬鎰，孔子猶九十鎰，然則守仁之聖，其將浮於萬鎰者邪？』（「說林」上）

（八）天理而絕人欲　宋明理學家，除了陸九淵極少數人較例外的認天理人欲非絕相反（見語錄）以外，其餘各人，幾乎全是同主存天理去人欲。如周敦頤主靜、主無欲，謂：『無欲故靜。』程頤亦主敬、主無欲，『養心莫善於寡欲，所欲不必沈溺，只有所向，便是欲。』『敬而無失，便是喜怒哀樂未發之謂中』。朱熹謂：『必其有以盡夫天理之極，而無一毫人欲之私。』（大學章句）而王守仁亦謂：『必欲此心純乎天理，而無一毫人欲之私。此作聖之功也。』『學者學聖人，不過是去人欲而存天理。』『只要去人欲，存天理，方是工夫。靜時念念去欲存理，動時念念去欲存理。』（傳習錄）『心無動靜者也，……循理之謂靜，從欲之謂動。欲也者，非必聲色貨利外誘也，有心之私，皆欲也。故循理焉，雖酬酢萬變，皆靜也。濂溪（周敦頤）所謂主靜無欲之謂也，是謂集義者也。從欲焉，雖心齋坐忘亦動也，告子之強制，正助之謂也，是外義之謂也。』（文錄答倫彥式）而追拜王守仁爲師的聶豹更明說主靜與無欲爲程朱、陸王兩派所同：『無欲故靜四字乃濂溪所自著。無欲然後能寂然不動。寂然不動，天地之心也。……是故靜坐之歎，伊川（程頤）爲學者開方便門；未發氣象，延平（李侗）爲學者點本來面目。定之以中正仁義而主靜，則法天之全功，非天下之至靜，其孰能與於此？濂溪手授二程。吾道南矣，龜山（楊時）豈逃禪哉？默坐澄心，體驗天理，延平殆庶幾乎！然此與前養心之論，卻是一致。透得此關過，便有回進處。』（「雙江聶先生文集」、答亢子益問學）

理學家妄將理欲分開，極力排斥感情，以致一切不近人情，而其所謂天理，也就非常玄虛，而不能成立了。古來反對理欲分開者，梁啓超先生說只有王夫之、戴震兩人；據我一時想到的，實還有宋的李覯、陳亮、吳泳、吳如愚；明的王世懋、朱健、馮時可、閔景賢、吳季子；淸的陳確、趙士麟、雷士俊、王心敬、袁枚、戴綱孫、劉鴻翺、劉熙載、王棻、譚嗣同……等，而其中尤以朱健、袁枚、戴震三人說的最爲痛快。以上各人原文，略見拙著「中國思想研究法」二二一至二二四頁，希望學者參考。

(九)混合而未化合——雜家而不成家　宋明理學家不論程朱與陸王，都外儒而內佛、道，結果使成爲學而不通，食而不化，雜家而不成家，矛盾而不一致。章炳麟曾略舉例道：

宋後儒說，有二事自爲牴牾：既以生機爲不息，而又力破輪迴，然則一死而生機遂息矣。既以天理人欲爲不並立，而又力斥佛家廢夫婦之倫，然則欲亦不可絕矣。後之斥佛，言欲當於理，即可自解，前之矛盾，直無可解也。如以生機不息歸之大化，不在一人，然則造物固有物邪？（「𣵀漢昌言」四）

宋明諸儒之辯，困於理氣，所謂理，即道體而五常屬焉；所謂氣，則以知覺運動當之。理猶佛典所謂法，氣猶佛典所謂生。有生已空而法未空者矣，宋儒謂理在氣先，可也；現見人類有生然後有道義，明儒謂理麗於氣，即氣之秩然不紊者，亦可也。雖然，氣者人之呼吸所吐內者爾，以知覺運動爲氣，名義已乖。黃太沖謂心亦氣也（明儒學案魏莊渠案），噫！人心全靈而謂之氣，仁、人心也，謂仁、人氣也，可乎？蹶者趨者是氣也，而反動其心，謂反動其氣，可乎？（蹶趨實亦非氣，此古人不了義）以妄見天地萬物言，唯有知，氣則知之動，理則知所構也。以本無天地萬物言，唯有知，所謂本覺也。了此者奚困於理氣爲？（大氐謂儒所謂氣者，應改稱爲力，義始相應。）（「𣵀漢昌言」一）

現在請再就王學補舉數例：守仁一面謂『不思善、不思惡，認本來面目，……即吾聖門所謂良知』；其另一方面，又謂『無善無惡心之體，有善有惡意之動，知善知惡是良知，爲善去惡是格物』。同是「良知」，何以有「不思善不思惡」與「知善知惡」的相反？此其一。而守仁謂『良知之於節目事變，猶規矩之於方圓長短』，以致良知與立規矩、陳尺度相提並論（詳與黃勉之書）。』亦與上述「不思善、不思惡，認本來面目」的良知說相反。此其二。旣說：『行之明覺精察處便是知，知之眞切篤實處便是行。……知……行……原來只是一個工夫』（答友人問）；又說：『知是行的主意，行是知的工夫，知是行之始，行是知之成。』（「傳習錄」上）單就所謂工夫而言，前後已不一致，此其三。他接着說：『若會得時，只說一個知，已自有行在；只說一個行，已自有知在。今人欲將知行分作兩件去做，以爲必先知之，然後能行。……』（同上）試問所斥『今人……以爲必先知之然後能行』，和守仁自己主張的『知是行的主意，行是知的工夫，知是行之始，行是知之成』，有何兩樣？是在一段話中，已不免自相矛盾，弄不淸楚了！此其四。守仁旣以「良知」爲「不慮而知，不學而能」，「知是心之本，心自然會知」；何以又說：『食味之美惡，必得入口而後知，豈有不待入口而已先知食味之美惡者邪？……路岐之險異，必待身親履歷而後知，豈有不待身親履歷而已先知路岐之險夷者邪？』（「傳習錄」中）這豈不自打嘴巴，自駁其良知說？又豈不變成程朱格物說的信徒，而自違陸學？此其五。陸九淵旣說東西南北四海，和千百世上下，所有聖人的「心」和「理」皆同（原文已另詳(五)）；王守仁也認不論賢愚古今，人物天地，是同一天生的不待學的良知；何以又說：一切當以自己的良知做標準，舉凡衆人、聖人、聖經，都不是根據（詳見拙作「陸王派哲學的批判」）？守仁應該改說：根據衆物就是根據衆人，根據衆人就是根據聖人，根據一個聖人就是根據一切聖人，然後合乎同一良知，「此心同、此理同」之說；但果如此，便連話也可以不說，書也可以不著，結果一如老子的「行不言之敎」，禪宗的不立文字。

可是在陸王派，欲還很看重語言文字，常常講學著書，這又反可證明所謂良知，原來是衆人和聖人不同的，衆人又和衆人不同，聖人又和聖人不同。其說終不免矛盾，而不能成立。此其六。

由上述看來，儒道佛三教還是三教，宋明理學家不論怎樣企圖去調和、去集成，總是「勞而無功」，適足令人看到許多開設三教的雜貨舖，販賣三教的舊貨物。所掛的招牌是儒家的；所賣的膏藥是佛老的。所服的衣冠是儒家的；所傳的血統是佛老的。自從人類有史以來的學術思想界裏，以「冒牌」和「滑稽」而論，宋明這般理學家，眞可居於第一位（請再參看拙作「程朱派理學的批判」）！

三 不行的修養

一般理學家，動輒教人修心養性，躬行實踐；可是在實際上，卻連朱熹、王守仁那些大師自身，也始終未能做到。例如朱熹偏袒奸相的張浚，背議精忠的岳飛，而其劾唐仲友，亦不免意氣用事。連和他私交極篤的張栻，也謂其氣質褊隘。他如謝良佐七年不能治一矜，薛瑄二十年不能治一怒（以上參看拙著「中國思想研究法」一八至二〇頁，並請參看拙作「道統的派別與批判」一文）。『王陽明致良知之說，以是教人，視明道、白沙皆捷徑，然陽明所自得者視二公終未逮也。爲武宗左右所讒，入朝過不使見，至上新河，見水波拍岸，憤欲赴水。又欲就御前執江彬，數其罪誅之，以死相抵，則明道、白沙必不至是。蓋白沙但有我見，已忘我所；陽明則猶擊於我所者邪！或曰：陽明始忤劉瑾，廷杖遠竄，瑾且欲於中途賊之，時尚未晤良知，而憤激不如是甚。及其旣悟良知，爲張忠、許泰、江彬所讒，謂其始結宸濠，後乃背棄，且誣以謀反，時武宗固未信，張永亦尚能爲之調護也，而反憤欲赴水，欲淸君側，豈進學之後轉不如前？蓋功名之足以攖人如此。晚爲權要引起，知止不如羅整庵，枝正不如崔子鐘云。』（章炳麟葑漢昌言二）王陽明自謂聖賢，尙且不能「致良知」，那裏有資格再去教他人「致良知」？而宋儒和後儒也鬧出不論怎樣勉強，都做不到的大笑話來，如袁枚說：『宋儒以絕欲爲至難，竟有畫父母遺像置帳中以自警者，以爲美談。而不知此與陳蕃所誅還家壙中者何異？每閱書至此，爲之欲嘔！』（「牘外餘言」卷一）『某公居喪屏妻，自期有七月之後，因見母故見其妻而心動，強抑苦禁諄諄然告人。……自漢儒創爲非時見乎母不入門之說，似乎君子一遇凶事，而母子有重關之隔，夫妻如盜賊之防，不已悖乎？然某公之所以自言其私者亦有所本，人間漢第五倫『公有私乎？』倫舉二端，以不自隱飾相傳爲美。不知倫之私，倫以爲自知之，而卒未嘗自知也。……不自知其矯情釣譽之私，而猶以爲與人共有之私，是所謂一言而再過者也。且倫亦幸而不忘不眠，其友朋父子間，天良猶未盡滅耳。若並此而無之，將遁天倍情，終其身爲德之賊矣。某公之於妻也，將以妻待之乎？不以妻待之乎？以妻待之，則所居之喪，即妻之喪也，喪中饋奠之事，霜露之感，率其妻而共致焉，雖日日見何害？不以妻待之，則專視爲媟褻蕩心之具，而此外無一事焉，雖終身不見何益？至於隔絕其妻至期有七月之久，則早視其妻爲媟褻蕩心之具，而不以妻待之矣，一旦相見，勃勃然有男女之思，又何尤焉？……夫君子之於倫理間，自有中庸之道，必欲強爲直而僞爲名，其不可哉！』(讀喪禮或問)而自沈仲固、周密、至顏元等，也斥宋儒的言行不相顧，一步未行，一處未到道：『宋人之學，平心論之，支離章句，染痼釋老，而自居於直接孔孟，不近於僞乎？其時儒者如沈仲固、周密等，皆曰：「今道學輩言行了不相顧，其徒不已有僞乎？」而遂深疾之也！』『思宋儒如得一路程本，觀一處反觀一處，自喜爲通天下路程，人人亦以曉路稱之，其實一步未行，一處未到，周行榛蕪矣，遽返，已正墮此。處事非情卽略，待人非褊卽隘，仍一不能走路之宋儒也，可愧！可懼！』（「顏習齋年譜」）而王源更大反對僞道學道：『因歎天下無事不僞，而理學尤甚！今所號爲儒者，類皆言僞行污不足起人意。……源曰：「予一爲道學則僞矣，眞豪傑不亦可乎？何必假道學？」……竊謂後世之治天下，當首嚴詐僞之禁，如太公之誅華士，孔子之誅少正卯，凡爲虛言以欺天下而盜言者，悉焚其書，而置之法。明先王之道，教天下不言而躬行，卿大夫率於上，士民遵於下，摯懇果毅敦乎倫常，而講求經濟實學，一洗語言文字惡習，反風俗於淳朴，則三代庶可復乎！」（「居業堂文集」、與李中孚先生書）『儒者或出或處，莫不爲天地立心，爲生民立命，爲往聖繼絕學，爲萬世開太平。乃源從事於儒，而不敢以儒自命何哉？蓋以後世之儒謂之道學，而近之講道學鮮有不僞者，非借道學以掩其汚穢而要祿位，卽借之以投時尚而博聲名，欺人不得不自欺，自欺不得不大聲疾呼自以爲眞程朱，又不得不大聲疾呼力詆陸王，以見其所以自命者至純至正，而無一之不實，著書立說，縱橫修肆，無所不至，乃試問其心術，考其行事，不但不足爲君子，並不足爲小人，祇成其爲穿窬之盜而已！患得患失，鄙夫而已！噫！若輩實足道哉？」（與方靈皋書）『嗟乎！吾甚有感於後世僞學之亂天下也！以爲孔孟以著書傳於前，先儒以稱述孔孟傳於後，則儒者之能事，著書而已爾，稱述而已爾，於是稽諸載籍，考羣言，發爲論說，著爲文章，顧以之別異同，分門戶，期以自遂其私，雖百世之公，有不顧，而悍然立異說以文其辭，於是卽先儒之說取其一二浮辭，以示其同，而沒其全體大用之實學，摘其言語微疵，而極詆其學術之偏，以明其異，久之亦遂悍然自以爲直追孔孟，而門人奉之，黨與稱之，乃或執其宗族鄉黨與其左右近習之人而問之，而其生平或家庭骨肉之間，不能如市井椎魯之自好，或隱行慚德不可以見鬼神、對屋漏；或寡廉鮮恥，喪失其良心爲妻妾之所羞，奴隸之所恥，彼其心不過欲放言高論以欺天下，使天下震驚於其名，不敢議其後，遂欲以欺盡後世，以盜其名於無窮，而不知其的然日亡，不旋踵而敗矣，未能欺一時，又烏能欺後世哉？……夫竭生平之力，祇成爲無忌憚之小人，不亦悲乎？」（修辭立誠論）.

四　無上的君權

孔學理學的另一特點，是尊重君權，奴隸性最十足，所以漢後專制君主要尊重孔學，漢後是孔學的天下；元明清三代專制君主更要尊重朱學，元明清是朱學的天下。如元仁宗始下詔行科舉，規定條例，專以宋理學家四書注與經注試士（詳見「元史」選舉志）。明太祖更以八股文試士，亦本元制，專主宋理學家之書（詳見「明史」選舉志）。到了成祖，更敕撰五經、四書、性理三「大全」，頒行天下，二百餘年尊爲取士之制。「性理大全」既是宋理學家之合集；而「五經大全」亦多採諸家之說。（詳見四庫全書總目，周易大全、四書大全、性理大全各書提要）清代試士，仍本明制，四書與詩主朱子，易主程，書主蔡傳，春秋主胡，禮記主陳。又定磨勘試卷例，如決裂本題，不尊傳注，引用異教，影合時事……者，酌量所犯重輕，祭參。至於欽命四書題，會試始於順治十五年，鄉試始於康熙二十四年。乾隆又於首場增作性理論，論題初專用孝經，後兼以性理、太極圖說、正蒙命題，而統名之爲性理論。又廷臣議准：宋臣朱熹有各經分年試士之議，請仿其法，輪試一週，再行並試(詳見清史稿選舉志)。又如：『仁皇夙好程朱，深談性理，……嘗出「理學眞僞論」，以試詞林，又刊定「性理大全」、「朱子全書」等書，特命朱子配祀十哲之列。……』（「昭槤嘯亭新錄」卷一、崇理學）宋恕論理學的罪惡道：『孔孟教旨，晦於秦後，然漢唐諸儒，辛苦傳經，微言大義，多藉以存，厥功偉矣。自洛閩師弟，以不學之軀，肆口標榜，張其謬說；奇渥以來宗之，取士功令之文必極腐陋，又極纖巧，乃爲合格，禁引子史，禁涉時政，忌諱深重，法限嚴苛，於是民間塾課，專錮聰明，墨守是督，博覽是成，有好讀古書者，父兄以爲大戚；有稍講世務者，庠序以爲大怪。逆上犯下，銷磨銳氣；細腰高髻，挫折英才。少壯精力，既竭於茲；先入爲主，神昏已久。通籍晚學，暇晷難得，自非上智，焉克有成？昔賢斥洛閩爲洪猛，等八股於焚坑，夫豈過歟？』（塾課）梁啓超先生論理學家的勢力道：『昔有非笑六朝經師者，謂「寧說周孔誤，不言鄭服非」。宋元明以來之談理學者亦然：「寧得罪孔孟，不敢議周程張邵朱陸王也」；有議之者，幾如在專制君主治下犯大不敬律也。而所謂理學家者，蓋儼然成一最尊貴之學閥，而奴視羣學。』（「清代學術概論」）但陸王的勢力實又比不上程朱，程朱的尊嚴，眞的超過孔孟。例如清初陳確說：『世儒習氣，敢於誣孔孟，必不敢非程朱，言之痛心！』（清史稿本傳）專制君主不許學者批評程朱，批評程朱的書籍便遭焚燬，在明如永樂二年饒人朱季友獻所著書，詆宋儒。大學士楊士奇請燬季友書。上敕行人鋼季友至饒，大會藩臬縣吏民，撻季友，並盡燬其所著書。（明陳建「學蔀通辨」引「皇明政要」，陸隴其「問學錄」引明鄭曉「吾學編」）在清，如『御史謝濟世注四書多與考亭朱子不合，且詆考亭云：明祖與之同姓，故開國遵用其注等語。至形諸章奏，並刻其書行世。』（嚴有僖漱華隨筆卷一）乾隆六年以謝氏著書毁斥程朱，命將書板銷燬（乾隆東華錄四）。便是明證。

梁啓超先生以爲：滿洲人自身既沒有文化，入關後又只遇見一般除了「四書集註」外更沒有學問的八股先生，所以把這些學問看做漢族文化的代表，程朱學派遂變成當時宮廷信仰的中心（詳見「中國近三百年學術史」九）。我以爲這說實未盡然：試問明太祖、劉基那般漢族君臣，何以也提倡程朱學派？這正如漢至宋，對於先秦諸家，何以不崇拜道家墨家，而偏要崇拜儒家孔子？最主要的原因便是儒家最有利於專制君主，而道家墨家則與專制君主最不利。宋之朱熹，不但號稱集宋儒大成，甚至被人認爲『大中至正，直紹尼山』，『卓然集漢唐宋諸儒之大成者。』（清王棻語）漢儒首推董仲舒輩，唐儒首推韓愈輩，孔子與董韓諸人皆最以主張伸君主、抑臣民著名者，而朱熹既號稱直繼孔子而集漢後諸儒之大成，對於此點，至少亦不能例外，此如他說：『天下之事，有常有變；而其所以處事之術，有經有權。君臣父子定位不易，事之常也；君令臣行，父傳子繼，道之經也。……當事之常，而守其經，雖聖賢不外乎此，而衆人亦可能焉。』『夫天下之事，莫不有理，爲君臣者，有君臣之理，……以至出入起居應事接物之際，亦莫不各有理焉。有以窮之，則自君臣之大，以至事物之微，莫不知其所以然與其所當然，而無纖芥之疑。』（「朱子大全集」卷十四甲寅行宮便殿奏劄一及二）他直認君臣之理爲最大，君令臣行爲經常不易之道。他如程顥力主貴賤等級道：『天生烝民，立之君，使司牧之。』『古冠婚喪祭，車服器用，差等分別，莫敢逾僭，故財用易給，而民有常心；今亂制未修，……不足以旌別貴賤……此大亂之道也。』（「二程全書」陳治法十事）張載力主恢復封建家法家譜以避免公卿崛起於貧賤之中道：『必要封建者，天下之事分得簡，則治之精。……而後世乃謂秦不封建爲得策，此不知聖人之意也。』（「張子全書」、理窟、周禮）『宗法不立，則人不知統系來處。……宗子法廢，後世尙譜牒，猶有遺風；譜牒又廢，人家不知來處。』『宗子之法不立，則朝廷無世臣，且如公卿一日崛起於貧賤之中，以至公相；宗法不立，既死，遂族散，其家不傳。……如此，則家且不能保，又安能保國家？』（同上宗法）蒙古入主中國時代的程朱派理學家許衡，更力主恢復古人遺法，和採取三綱政策道：『今里巷之談，動以古爲詬戲，不知今日口之所食，身之所衣，皆古人遺法而不可遺者，豈天下之大，國家之重，而古之成法反可違邪？其亦弗思甚矣！』（「魯齋遺書」、中書大要）『自古及今，天下國家，惟有三綱五常，……三者既正，則他事皆可爲之；此或未正，則其變故有不可測知，又奚暇他爲哉？』（同上語錄）『自都邑而至州縣，皆設學校，使皇子以下至於庶人之子弟皆入學，以明父子君臣之大倫，……十年以後，上知所以御下，下知所以事上，上下和睦，又非今日之比矣。……課誦少暇，即習禮，……少者則令習拜跪揖讓，進退應對，……久之，……下至童子，亦知三綱五常爲人之道。』（同上農桑學校）這是「漢奸學者」替外寇計劃實施奴化政治、奴化教育的。同時同派還有一位吳澄，也同樣的說：『三綱二紀，人之大倫也，五常之道也：君爲臣之綱，其有分者義也；父爲子之綱，其有親者仁也；夫爲妻之綱，其有別者智也。長幼之紀，其序爲禮；朋友之紀，其任爲信。之二紀者，亦不出乎三綱之外。』（「草廬精語」）這眞莫怪歷代外寇都爭要提倡程朱理學。到了滿洲入主中國時代，程朱派理學家也是有名漢奸的李光地，對於外寇的獻媚，更覺肉麻了！他把外寇君主抬到天那樣高，說他是三代下唯一無二的道統治統的合傳者，此點另詳拙作「道統的派別和批判」一文。

理學家的極尊君權，結果便發生兩種大病：第一、就國際來說：是只知忠君而不知辨華夷。如『近世學者推尋禍始，以爲宋世儒者，妄論春秋，其教嚴於三綱，其防馳於異族，故逆胡得利用其術以阻遏吾民愛國之心。』（章炳麟「革命道德說」）連嚴復也要說：『中國自秦以來，無所謂天下也，無所謂國也；皆家而已。一姓之興，則億兆爲之臣妾，其興也，此一家之興也；其亡也，此一家之亡也。天子之一身，兼憲法、國家、王者三大物，其家亡則一切與之俱亡，而民人特奴婢之易主者耳，烏有所謂長存者乎？孟子曰：「孔子作春秋，而亂臣賊子懼」。雖然，春秋雖成，亂臣賊子未嘗懼也。莽、操、懿、溫尙已；李唐一代之前後，六朝五代之間，簒弒放逐，何其紛紛也？必逮趙宋而道學興，自玆以還，亂臣賊子乃眞懼爾。然而由是中國之亡也，多亡於外國，何則？非其亂臣賊子故也。王夫之之爲通鑑論也，吾之所謂然，二三策而已。顧其中有獨造之言焉，其論東晉蔡謨駁止庾亮經略中原之議也，謂謨、綽、羲之諸子，無異南宋之汪、黃、秦、湯諸姦，以其屈庾亮，伸王導，惡桓溫功成而行其簒奪，不知天下有大防，夷夏有大辨，五帝三王有大統，即令溫功成而簒，猶賢於戴異族以爲中國主，此所以駁亮者，宜與汪、黃、秦、湯輩同受名教之誅也。此其言烈矣！然不知異族之得爲中國主者，其事即與於名教。嗟乎！慮其患而防之，而患或起於所防之外，甚至卽出於所防之中。此專制之制，所以百無一可也。』（「法意」第五卷第十四章）結果出了許多賣國賊，自許衡、李光地、曾國藩、以至如今的鄭孝胥、羅振玉那般漢奸學者，多是受這惡影響的。第二、就國內來說：是只知忠君而不知辨賢愚。連另一派的王守仁也犯此病，如章炳麟說：『世之言致良知者，始自餘姚王守仁，以宸濠仁孝多聞，視武宗荒淫之主，一堯一桀可知也。而守仁擁戴亂君，以誅賢胄，亦謂效忠天室，良知所行則然。』（駁神我憲政說）『抑守仁所師者陸子靜也，子靜翦爪善射，欲一當女眞與之搏，今守仁所與搏者何人也？仲尼之徒，五尺童子，言羞稱乎桓文，猶曰鄙儒迂生所執，觀桓文之斬孤竹，撻荆舒，非峒谷之小蠻夷也。晉文誅子帶以定襄王，子帶康回之篡夫，襄王非有罪也。以武宗之童昏無藝，宸濠比之爲有長民之德，晉文而在，必不輔武宗、蹶宸濠，明矣。』（「說林」上）

總而言之：宋、明、清初是中國君主專制最盛時代，同時也是理學最盛時代，理學家與專制君主，互相響應，互相利用，理學家最偏袒專制君主，專制君主最愛護理學家，理學家是專制君主的腦，專制君主是理學家的足。

文獻學的新解蔽

陳守實

運用古典學的知識，對於過去一大堆文獻加以闡釋工作，今姑名之曰文獻學。

文獻是歷史經程中一切上部結構的蛻片，本身刻劃着各種局限性的年輪與各別形態。作爲歷史性的考索，按照歷史發展的段階、範疇，一一與以清洗化驗，在歷史的瑩澈與了解上，確爲重要資料。但因爲人類生活經驗的累積，歷史性的思索與回溯，在文化的知識分子羣的情感上特別增加了濃度；同時，在古典的歷史範疇內，週期性動亂在形式上的循環比附，使文獻的搜索也增加了需要。所以在封建範疇內，週期性動亂，波浪式起伏的經程中，由迂徐的變，到急劇的變，以至高潮階段的，所謂鼎革時期，一系列的反映，在文化的知識分子羣，就在一大叢文獻上寄其迴環往復的憧憬，而構成碎錦式的望古遙集之新藍圖。一方面在主觀上企圖組成解決實際問題的論據；另一方面由現實的刺激，覓取慰情勝無的排遣，並投擲一個陰沈的感情上的抗爭（歷史上許多文字誹謗罪，就定立在這一點上的）。

先秦諸子的託古改制；孔子損益四代之制，有感於杞宋文獻的不足，而夏殷之禮，仍可加以理想化的描繪。漢儒搜索轉校古文獻，燃起許多想像設計的火燄，由土地分配成問題而緬懷古井田制；到了新莽的復古改制，才把在文獻上搜索出來的新藍圖付諸實施。其後蘇綽盧辯的周官大誥（北魏的均田制，胎原於游牧的分區駐屯，在文獻上只是偶合）；王安石的新經義；顏元的四存篇；都在實際的必要所搖動的場面下，由某一角度斷片地組織古文獻的裝配。這是文獻搜索上所產生的第一種形態。

現實震盪，在意識上起着複雜紛紜的反映，解釋的理論體系，不難在文獻上抽象探求，找到解釋的根據，於是有所謂解釋哲學的產生。魏晉清談、玄學，宋元明心性理氣的聚訟，被現實的芒角所刺，萎縮在古文獻的廢墟上，屏開想象的集錦式的影片，在這影片上用「無」的論理構成金甌無缺的幻景。以無色透明的理念去制約現實，自然現實不能因而起任何實際的變化，只是解釋現實爲理念所充實；用天上的秩序代替地上的秩序，因而使現實中生活着的人，精神寄託却在不食人間烟火的天國。當他偶一感到現實的痛楚時，便把「無」的論理來作祝由科式的治療。因爲無的論理，與無色透明的理念，混雜着感情上的綜合命題，使現實的不安面，因社會層的人間積習，得到粉飾的作用。這是文獻學主義者的又一形態。

以上兩種形態，常在一元化的體系中演進。蓋理論與藍圖，必然是一元化的。文化的知識分子羣又代表着各社會層錯雜的精神反映形態，這樣區分着文獻研究上有意與無意的五花八門之闡釋分野。王莽與劉歆共同製定的藍圖，有些史家說他是爲了篡竊，但他確是在當日現實所搖盪的場面下設計出來的。不僅理論滲入了歷史，甚至假造文獻，以奠定這一藍圖的經史根據；而且還吸集古今文獻，製定新術數的裝配，贏得不同歷史範疇的現代某些學者，失常的古典的崇奉，同樣將他放在「漢人最富於科學底精神」的論點中。新經義及類似形上學外傳體的新學說，無疑亦是變法緣飾經術一元化的東西。黄書、噩夢、識小錄、政論式的史論，強調夷夏之辯，與文藝上若明若昧的情感表現（文獻學主義的解釋哲學一流派，本還有從文獻上演繹出來的文學主義一枝流）；則又顯然在自己想像的藍圖後而附加上去的一種感情的抗爭。魏晉開古史的圖繪（皇甫謐帝王世紀高士傳等一類型），與堡塢的宗黨部居，儒釋道三家混合的形上學，實際生活的隱逸逃避，與某種畸形的耽玩，使文獻的解釋，展開特殊畫面，超過了文獻的客觀限度，而在個人情感上增加無限的發酵程度，因而附益放大了古今文獻的倉庫。這就是這一時期人物給後來史家以最多口實的因由。

然而在另一方面週期性的政治消沈，把這些藍圖和情感上的濃度消解沖淡了（自然這些藍圖和發酵的若干部分是被溶解滲透到現實中去了）。因此文獻的疊積，和這些解釋性撰述的附加，隨着歷史的發展而愈益增多起來，使在古典的歷史範疇內；成爲探索的主要對象。這在文獻本身，毋寧是一蔽。

文獻的歷史性考索，展開另一幽深的谿谷，這是後起的事，且是闡釋工作上的副產物。然在靜悄悄的現實中，波浪式的迂徐遲滯的經程中，除了爲考證而考證外，又在週期性動亂的經程上找取懸空而無力的平衡的古典綫條。所謂儒家哲學，或倫理系統，政治圖案，實際上是這一範疇中的複合體，也是這一歷史段階上波浪式運動的平衡綫條。他的包容性、中庸性、富於彈性的本質，是在悠久而帶有重複性運動過程中的必然產物。積漸而成爲「定於一尊」的偶象。宋元以來的文獻之學；清代的樸學考證；由唐宋追尋到兩漢，由兩漢以復於先秦，他的「精」「博」與「實事求是，無徵不信」的方法論，雖然在文獻闡釋的工作上，由現實的政治配備，到理論的懸空寄託，再轉而覓索這一大疊文獻，及附加上去的大批闡釋的撰著，以求此一偶象最原始的本質。「窮老盡氣，以盡瘁於是」，始終仍爲這一偶象所拘執，不能越出其樊籬。自然這一歷史範疇，在社會現象的一切本質上沒有大的變動，也限制了他，而闡釋工作上的拘蔽，則始終是一事實。

『經世之微文大義，良法善政，務推禮樂德刑之本，以貫質文否泰之遞嬗；錯綜其理，會通其旨。至於賦稅、田畝、職官、選舉、錢幣、權量、水利、河渠、漕運、鹽鐵、人才、軍旅，凡關國家之制，皆洞悉其所由盛衰利弊，而慨然著其化裁通變之道。』（黃汝成日知錄序）『明學術，正人心，撥亂世，以興太平之事。……藏之名山，以待撫世宰物者之求。』（日知錄自序）『所著日知錄三十餘卷，平生之志與業，皆在其中。……有王者起，得以酌取焉。』（與友人書）此爲清代樸學開創風氣的顧亭林對於他所著的日知錄的自己評價，以及後人的推崇語。由呂東萊到王應麟，文獻學的系列，充分暴露着集錦式的設計與抗爭，及偶象的平衡線條，這是唐宋以後正常呈現的又一形態。從此以平衡綫理論爲主，而以文獻配備爲副，横貫着這一闡釋工作。不過，歷史範疇的本質上的變化，雖然沒有到達突變時期，而週期運動，却多少帶有漸變的質性。例如：漢代雖有「定於一尊」的強制性的政治號召，封建王朝的尊嚴，却還未到達高張時期。由漢末南北朝隋唐之史實，可以證明。之後，平衡理論到達偶象化階段，許多文獻學者便以另一規範闡釋文獻，無視它的局限性，而與以不正常的解釋。「正始浮華」（魏廢帝），顧亭林日知錄：斥之爲「亡天下」。趙甌北劄記：以爲『好學正以供淸談』。而南朝士大夫崇尙「正始餘風」，幾成此時期精神結構上一最高典範。劄記又特著「禪代」「九錫文」，沿襲帝魏帝蜀、正統關係、偶像成見，予以譏彈。但按諸當時客觀史實：從皇甫嵩大量屠殺通過宗教組織之農民騷動，所謂黃巾賊後（按週期性動亂，舊型統治力量的生死掙鬥與鎭壓，必然是大量屠殺。），漢陽名士閻忠游說他：『移神器於己家，推亡漢以定祚』（見三國志裴注引司馬彪九州春秋，及後書本傳），到賈充的『司馬家事若敗，汝等豈復有種』（習見鑿齒漢晉春秋）。在這時期，確是『郡郡稱帝，縣縣自王』（王粲英雄記呂布與蕭建書中語，見魏志七裴注引）只有豪族強宗奪取統治權的鬥爭，沒有想到劉漢一系的道德問題。諸葛亮集、答李嚴勸受九錫書：『若滅魏斬（曹）叡，帝（劉禪）還故居，雖十命可受，況於九耶！』足見三國以後，公式化的九錫文，在此時期並非大不了事。顧趙之論，無疑是後起的。錢大昕說：『王安石之新經義，亦淸談也，神州陸沈，其禍與晉等』。在他以前，王應麟的困學紀聞，却用當時黃山谷詩：『荆公六藝學，妙處端不朽』，來推崇王氏的新經義。又從來以王安石「斷爛朝報」一語，爲廢置春秋的罪狀，錢顧均持此論。按臨川集，答韓求仁問春秋書，原文却並不如此，錢氏無疑是斷章取義的誤會，而加以深文周納。這幾個例子，若照客觀史實來檢討，這些恃六書九數的古典學知識治文獻學者，均在偶象上歪曲了文獻的客觀性，以配合他自己的理念。

偶象是平衡綫條上的結晶體。雖在同一歷史範疇內，因爲發展段階的不同，通過週期運動的波浪式經程，這一結晶體逐漸長大，與知識分子社會層的特殊屬性粘合；文獻學主義者的兩重人格，必然變成歷史軌道上的反對物。

文獻既是上部結構的蛻片，時代符號，須在歷史範疇這一尺度上核定他的程序；質的規定，量的移增，客觀地予以抉發，平衡綫的折中理論自能解消。而文獻學主義者一方面標榜實事求是無徵不信的方法論，而另方面却在援用文獻考索的成果，所謂這一工作上的副產物，進一步同樣作爲個人意願上情感上的裝配與抗爭的企圖。不但史論是政論，同時考據亦是政論，『平生之志與業，皆在其中，有王者起，得以酌取』，顧氏之言，即是一證。這無疑又是一蔽。

文獻學者這一偏蔽的歷史性與社會性，包藏着許多背反歷史的因素在內，穿過了古典的歷史範疇，他自身亦可能變成另一中庸性折中理論的迷霧與僞裝工具。在今日以史料考索之姿態出現，無視古典內容的畔岸，而在文獻或文獻附屬物上再寄託其主觀強調，與歪曲的裝配解釋，希冀附麗於現實的複雜畫面者，似乎在論壇上不難覓取其根荄。

(一)古器物古文字學的研究，因腐心於古典學知識之故而墮入沾沾自喜的壑谷，有若干不合時代之虛張粉飾，在歷史進行的程序上印入倒錯之想像論斷。這或非研究者有意強調，而是在研究時只把材料當作孤單的平面的對象看去，無意中被個人之意識流所沖激，抉破了原來之年輪及其屬性。

(二)文化原爲生活的總表現。視文化作孤立的個體對象，於東西的對流，異族文化之漸染，視作機械的傳遞，無條件的吸合，因此考索陰陽五行術數在世界文化區域的印證對比上，以時間先後來下論斷。不知人類歷史經程，原有共通性；同時，異型文化之吸收同化，須取決於客觀的社會條件。例如：宗教中之佛教耶教，在其傳入之初期，曾經過若干之變形，其不可變者往往受阻，即是一證；不能以文化上的偶同，決其必受抄襲，或刻板的影響。

(三)過去的治文獻學者本身亦受時代限制，根據不同範疇的歷史探索，分析過去文獻學者的論斷，因以為批判的對象。如近人指駁朱子語類的枝節疏略處，以及襲取錢大昕全祖望地志考核結論，而加以枝節的訂正，自詡創見博識。此等均屬於顧亭林所指斥的「明人著述皆盜竊」一流人物。為自來治文獻考核之學所未曾有之怪象。此不僅是研究上的一蔽，而且是走歷史反方向的一必然標幟。

(四)新與理論的公式化，在文獻上作枝節套印，使文獻成為公式的註脚。

(五)文獻學主義的解釋哲學，以其為解釋的，必然走歷史反方向的路綫。如戰前德國御製的法西斯哲學，必定捧出尼采、菲希德；日本廣泛地根據儒教及佛教古典之文獻學的解釋，構成日本精神，一樣從那和現代完全異其範疇的時代產物的古典，引繹出各種解決實際問題的論據，和理論的演繹。王陽明的十家牌法；俞大猷、戚繼光的禦倭戰略；曾胡治兵語錄；湘淮軍領袖的家訓家書；甚至明末張李流寇之現實事件的依附影射；東西文化的比附；有意的倒錯裝配，成為現實的藍圖。學庸變成科學，雜糅了易經、洪範、陰陽五行術數、宋元理學，成為古色斑斕的特種哲學。宋儒理學可以翻影，實際與貫際割裂，高明與中庸絕緣；拾取西洋哲學的碎片，作主觀的拼湊；在方法論上強調對於事實為形式的解釋的分析命題，而作詭辯式的曲學阿世。這是反方向的理論姿態，亦即是他的哲學體系。

文獻學本身既具有如此曲折演變的綫條，在這縱橫堆叠的蛻片上豐富着製造藍圖與構成虛玄理論的材料上的炫惑性；同時，也極易把這些材料擴充到世界性的文獻上去。東方的精神文明，西方的物質文明，在各各不同範疇中找古典的根據，更易成爲危險性的政治投機。例如：無根的重工業建設，舊內容的政治形式的比附，都是這一變態闡釋的引伸。

學術思想上的障蔽，便是一切歧誤與歪曲利用的防禦工事。配合現實的需要，予以清洗解除，實爲當務之急。

傳統思想與中國教育

董渭川

一　從目的看——造成統治階級

『天子重英豪，
文章教爾曹；
萬般皆下品，
惟有讀書高。』

這首五言絕句，是我在六歲開始學寫字時，我的父親買來的一張木刻紅字，教我照着描的。因爲描過很多次，並且爲了胡描被打過手心，所以到今天還背得爛熟。

可是現在背起來，體會出的味道，和兒時大不相同了。兒時確能夠以之提起讀書的興趣，並且寄希望於將來當寫成好文章的英豪，而爲天子所重視，而變成什麼達官貴人。現在呢，書讀的不多，文章更未寫好，而且當二十多年的窮教育者，早已不做爲天子所重視的美夢，再咀嚼這首詩，便發見了新的意義：這寥寥二十字，不正好是一部言簡意賅的「中國教育學」嗎？教育學上的目的論和方法論，不是都明明白白地包含在裏邊了嗎？古往今來，我們的教育學，雖然由綫裝木刻變爲洋裝鉛印，又雖然其中於中國聖人之外再加上了些洋聖人的學說，但是此刻不依舊順着這四句詩走嗎？只要把「天子」一詞作廣義的活的解釋，我們的教育，不論從目的、內容、方法任何方面看，究有什麼改變呢？

先從目的說起：辦教育和受教育之目的，爲了造就「三字經」上所謂『上致君，下澤民；揚名聲，顯父母』的特殊階級，這一點，正是我們歷數千年而不容動搖變易的一套教育傳統之出發點。由此點出發，不光決定中國教育上的一切，並且影響到中國政治、經濟、社會、思想、……整套的一切。

我們先來研究「三字經」所揭示的此種教育目的。據傳說：「三字經」是宋朝末年王應麟作的。章太炎氏在其「重訂三字經題辭」中也承認此書出於王氏之手，並且說：『其敍歷代廢興，訖於宋；自遼金以下，則明清人所續也。』此書既出於宋末，則所代表的思想是繼承了宋末以前傳下來的。自從此書出世，就成了兒童教育底主要教材，歷元、明、清，直到今天鄉村塾師仍以之爲訓蒙寶典（在蘇州城內竟然也不費力地買到），甚至於在任時先氏著的「中國教育思想史」中（頁二三五），還說到『後世論者都以是書編制得宜，立論甚是，爲七百年來私學蒙童必讀之書，這樣評論是非常適當的。』不管後世對此書的評論是否適當，反正此書成了宋以後的「蒙童必讀之書」，是客觀的事實。其所以能具有「必讀」的權威，就因爲後來的人一直佩服其「立論甚是」。究竟其「甚是」之點何在呢？任時先氏分析此書分爲五段：一言『教育之要』，二言『兒童教育程序』，三言『讀書次第』，四言『勸學之要』，五爲『結論，包含爲學目的在致君澤民，揚名聲，顯父母，勸人勤學，以總結全書』。由此可見全書之最重要部份在說出「爲學目的」之結論，後世承認其「立論甚是」處，也無疑問地在此結論了。

「三字經」所揭示的教育目的，成爲宋末以後的傳統思想，已由上邊的話證明。然則何以說它是繼承了宋末以前傳下來的呢？不會是王氏一人的創見嗎？原始時代的教育不必談。周代形成了封建制度與宗法社會之後，那時做官的即是教育者，官和師不分，教育之作用已經是使人民知禮守法，以維持和鞏固封建和宗法的一套秩序。具體說來，宗法之首長爲家長，封建之首長爲帝王，官吏教育人民要知的禮，守的法，都是針對這兩種人來的。僅只在教育制度上尚未形成選拔人才以「致君澤民」的一套體系，所以尚未標出此種目的，但是已因政治與社會兩者的進展，顯示出此要求來了。到了春秋戰國，社會階層的界限較周代更爲明確，於是乎由社會制度的實際反映，教育思想也就必然地具有貴、賤、上、下、勞心者、勞力者、治人者、被治者種種的階層性；並且在商業發達之後，士、農、工、商四種身份的界劃也顯著起來，所以孔夫子有鑒於臣弑其君，子弑其父的混亂情形，爲「撥亂反正計」，宣布「正名」與「禮治」兩大主義，以爲強化等級與安定封建秩序的手段，也就是要用教育以「戡亂」。他不光教門弟子準備「學而優則仕」，並且自己席不暇暖地周遊列國，以求見用於賢君，即其明證。他希冀着一旦見用，則『道之以德，齊之以禮』。這個「之」字所代表的，不正是『民可使由之，不可使知之』的那些無知小民嗎？由這裏可見儒家大師已以身作則表露出『上致君，下澤民』的教育目的來了。繼承道統的孟子雖高唱『民爲貴，社稷次之，君爲輕』，却又昌言『勞心者治人，勞力者治於人』。可見所謂「民爲貴」，是要勞心者（從皇帝起）看重人民，處處爲人民謀福利的意思，無以民代君的非分之想。他本人也是棲棲皇皇以求見用；『三日而復出晝』，可見其因不獲達『上致君，下澤民』的目的而如何地悵惘。孔孟之外，不論主張人治的荀卿，主張法治的韓非，主張兼愛的墨翟，以至於主張富民的管仲，在看法與主張上儘有不同，而共同點則是一貫地實踐『致君，澤民』的路子。道家是反現實的，主張「無爲而治」和『絕聖棄智，返樸歸眞』，因其反現實，也就不爲現實所接受，只有讓儒學獨霸。儒學是維護君權的，是供奉御用的，自無怪乎戰國時代諸侯爭着豢養那些精研儒學的「士」，而蔚爲風氣了。洎乎秦，既統一天下而爲一大帝國，政令歸於一尊，活埋掉那些反對一尊的知識份子，再焚燒掉那些妨害一尊的反動書籍，到這時，教育之目的遂鮮明地規定爲，在乎養成能夠尊崇皇帝，擁護現存政治的官吏；而官吏之任務則是使人民能夠奉公守法和勞働生利。所以史記「始皇本紀」中有這樣的話：『今天下已定，法令出一，百姓當家則力農工，士則學法令以辟禁。』由此規定，不光「士」之用途確立了，儒家的學說也光大了。秦打下這個基礎之後，漢用叔孫通起朝儀，用董仲舒尊孔重儒，罷黜百家，到此時而「士」之身份已抬到無可再高，因之，政府以利祿爲誘士之餌，士子以求學爲入官之梯，已屬事理之常，無足怪異。漢武帝立五經博士，開弟子員，設科設策，勸以官祿，這些事實，不正好給儒家『學也祿在其中矣』這句話下了個註脚嗎？再往後，到了魏晉南北朝時代，雖然老莊的思想再起，且雜以佛說，清談之風盛行，可是教育的思想仍以儒爲正宗。降及隋唐，既有王通、韓愈等爲儒學力爭道統的大將，又有了使唐太宗感覺『天下英雄盡入吾彀中矣』而欣欣自得的科舉制度，更使士子獲得了升官發財的階梯，教育之「致君澤民」的目的乃愈形深入人心。宋代呢，雖有反科舉的書院，但是一個個的「理學家」都淵源於儒，儘管發揮儒學的議論不同，而對儒家傳下來的教育目的，依舊奉爲圭臬。——所以說，宋末產生的「三字經」具體指示學子以『上致君，下澤民』的目的，是繼承中國數千年的傳統來的，並無錯誤。

什麼叫「上致君」呢？「致」這個動詞應該解釋作「巴結」、「拉攏」、「夠得上」以供「主子」的「驅使」。既然立場如此，則聯貫起來看，「下澤民」便是奉承了皇帝的意旨以「施恩德」於老百姓。施恩德的說法是打官腔，老實說，就是壓迫蹂躪剝削那些小百姓而已。如今坊間出售的「三字經」，把這兩句改爲『上利國，下便民』，章太炎氏底重訂本則改爲『上匡國，下利民』，這當然都爲了適合時代；但是「民」既居乎「下」，則教育之目的爲了造就「人上人」，這意識仍舊是彰明昭著的。清朝雖有顧亭林、黃梨洲、方望溪等人發爲反科舉的言論，可是清末主張廢科舉興學校的先知先覺者張之洞，在其「勸學篇」中仍認定「寓科舉於學校」，可見在表面上科舉雖廢，骨子裏教育之目的和舊來還是無殊。清末學堂畢業者賜予「舉人」、「翰林」之類的功名，在欽定學堂章程上有『畢業後不仕者……』

的口吻，這些且不必說。民國成立，皇帝被趕掉了，可是內有軍閥割據，外有帝國主義者控制一切，只要把「上致君」的「君」作活的解釋，以之代表軍閥，代表洋，又有何不可？反正「士」人是幫助其「主子」統馭老百姓的工具，只要能達到其升官發財之目的，以誰爲「君」都無所謂。如果需要拿事實來證明，則若干年來「買辦階級」一詞之見於教育書報，「博士」、「碩士」、「學士」與夫各種學校畢業文憑之吃香，以及在教育法令中尙且視初中畢業後升入高級職業學校不配算作「升學」，一定要進準備向上爬的高中才是堂而皇之的「升學」（見抗戰期間公佈的「中等教育實施方案」中關乎職業教育的條文。），這種種，不都是『上致君，下澤民』的教育目的毫未改變的確鑿證據嗎？

明乎此，則我們數千年來的教育，在目的上，一貫地以造就統治階級爲其不變之傳統，是絲毫不容否認的。帝王時代以此爲傳統，原無足怪，民國以來的新教育也沿此傳統，使它更增加了力量，不大可悲哀嗎？

二 從內容看——是治術與裝飾品

既已肯定了我國古往今來之教育目的是爲了造就統治階級，則教育之內容，當然是統治階級所需要的一套統治老百姓的法術和表示身份特殊的裝飾品。

爲節省篇幅計，不允許再作歷史的敍述。既然儒家學說不論經過什麽朝代都居乎絕對優越的正統地位，則以儒家底言行舉點例子，也就够了。

儒學的輪廓是從格物、致知、誠意、正心修身起，到齊家、治國、平天下。前半是培養自己，後半是治理別人。因此，一切的準備功夫，都爲了當統治階級；當然也就是學習『致君、澤民』之道。依孔子的看法，統治的法術可區分爲兩大類：一是『道之以德，齊之以刑』；另一是『道之以德，齊之以禮』；而後者比前者的效果好，所以『其身正不令而行』便成了大前提。由此可見孔子的「人格教育」、「道德教育」、以至於「禮、樂、射、御、書、數」一套，都是當統治者所必需具備的法寶。他理想中的「君子」，自然不成問題地是具有這套法寶的統治者，所以他「言必稱堯舜」，而且時常想「夢見周公」。

孟子荀子兩人的學說雖有不同，而其教育內容爲統治的法術則並無二致。試拿兩段話來比較：孟子說：『今王發政施仁，使天下仕者皆欲立於王之朝，耕者皆欲耕於王之野，商賈皆欲藏於王之市，行者皆欲出於王之途，天下之欲疾其君者，皆欲赴愬於王，其若是，誰能禦之？』荀子說：『立君上之勢以臨之，明禮義以化之，起法正以治之，重刑法以禁之，使天下皆出於治，合於善也。』這兩段話不都是替皇帝打算如何統治最有效嗎？受教育如果不研討這些，怎樣能實現「上致君」的願望呢？

儘管孔子主張『富而後教』，孟子也談『五畝之宅，樹之以桑』，荀子也有「富國篇」，然而在教育之內容上却無生產勞働，並且反對生產勞働。「論語」上有一段紀載：樊遲請學稼和學圃，都碰了孔子的釘子；樊遲很沒趣地走出，孔子遂大罵他是「小人」；接着說了一套大道理：『上好禮則民莫敢不敬，上好義則民莫敢不服，上好信則民莫敢不用情。夫如是則四方之民襁負而至矣，焉用稼！』這裏所發揮的不完全是一套治術嗎？受教育就是要研習如何統治那些稼和圃的「小人」呀。到了孟子就更赤裸裸地區分『有大人之事，有小人之事』。生產勞働是「小人之事」，是被治者之事。只要「勞心」以學得治術，不就可以成爲「大人」和「君子」之流嗎？

數千年來一直居乎正統的儒家，其教育之內容既然如是，後代的學者當然只有繼承道統，不光「代聖人立言」，並且必須「好古敏以求之」了。這類的例子俯拾卽是，無庸舉述。到科舉制度成熟之後，整整一千三百年的功夫，受教育的人更是鑽進牛角尖去，只是抱着四書、五經，準備下考場，反正考試的範圍跑不出這個牛角尖，只要遵照聖人的話反來覆去闡發一陣，就可以獲得功名富貴。及至明清科舉的末流，「截搭」式的考題和八股文比賽着不通，已到了連治術也說不上的地步。在朝廷以之牢籠士子，在士子以之騙取爵祿，所謂教育，如此而已，還談什麼內容？宋眞宗的「勸學詩」：『書中自有千鍾粟，書中自有黃金屋，書中自有顏如玉，書中車馬多如簇』。這裏所謂「書」，不是「萬卷書」，也不是「羣書」，只是孔孟的那幾本治術而已。後來比賽着不通的八股，至多算是筆墨的遊戲，可是這種咨嗟吟哦搖頭擺尾的遊戲，既爲一般跌落在教育圈外的男女大衆所不能，又可以之獵官取俸，於是乎這套東西由治術而變質爲誇耀鄉里，高抬身價的裝飾品了。孔孟的仁義道德在作用上淪爲雪花膏，恐怕連被斥爲「小人」的樊遲聽見，也不免痛哭流淚吧？

科舉既廢，由『中學爲體，西學爲用』，而駸駸乎「西學」和「西藝」凌駕「中學」之上，教育之內容在廢除讀經而後，可謂完全改觀了。然而不幸得很，人家用以富國強兵的那些物理、化學、三角、幾何、……竟然也變成了雪花膏。『橘逾淮而爲枳』，蓋氣候與土壤使之然也；較植橘複雜萬端之教育，又何能例外？我國之受列強欺侮侵略，由於西洋產生了工業革命，既演進爲資本主義，更演進爲帝國主義。業經淪爲次殖民地的我國，咽喉已被人扼住，想抄襲人家的文章以富國強兵，豈非夢囈？工業革命是以科學發明爲基礎的，所以物理、化學、三角、幾何、……種種西學西藝對於人家工業革命之後的人民生活有密切關係；可憐我們的農業和手工業還是近乎原始式的，學了那些東西，除掉應考試，換文憑之外，對於人民落後的生活，有什麼用呢？然而在受教育者心目中，能應考試，換文憑，也就是莫大的用途。所以由小學而中學，由中學而大學，甚至於由大學而外國，各種的資格文憑和昔日由科舉而得的功名，在作用上毫無區別。只是內容變了，昔日唸土經，今日唸洋經；昔日作土八股，今日作洋八股；昔日由治術淪爲裝飾品，今日更純粹是裝飾品了。君不見：有女子出嫁，以其畢業文憑作妝奩嗎？又不見：有人以能寫洋文、說洋話，甚至於簽名也用洋字爲高貴嗎？

西洋因科學進步而分工愈細愈好。於是各級學校的課程也是分門別類愈多愈好。我們依樣畫葫蘆，只見課程分割得瑣細，而生活却是整個的，以每門學科之縱的系統應用到每一活動之橫的單元上，便鑿枘不合了。遠之如莊澤宣氏（所著「如何使新教育中國化」），近之如陳果夫氏（所著「中國教育改革之途徑」），都曾建議我們的高等教育設校、設院、設系、設科以建設爲中心，就是想依中國條件由縱而橫的要求。但是從外國販來的一套已形成強固的傳統，誰能動它一根毫毛？

以「英語」一科爲例，我當小學生時，每星期已有七小時的「英語」；並且常聽說某某中學的程度高，多數課本採用英文本；這都證明「英語」的勢力已大過國文。後來居然小學停止讀「英語」，中學且曾兩度規定，「改英語爲選修」，可是規定自規定，到今天，「英語」在中學裏依舊必修，而且在沿海的地域，有些小學裏還有用「英語」以廣招徠，甚至於廣西新興的國民中學，因爲沒有「英語」一科而成爲受人攻擊的口實，到後來簡直成了致命傷。林礪儒氏說，昔日打倒土經是一大進步，今日又開始打洋經了，一是死鬼，一是洋鬼，同爲鬼也，而洋鬼更不易打，他以左傳的文句調侃曰：莫非『新鬼大而故鬼小』歟（見「教育危言」）？從這個例子又可見新的傳統雖不到一世紀，却已有不可撼搖之勢。

三　從方法看——識字讀書記憶考試一條鞭

內容是隨目的而決定的。目的既然是『上致君，下澤民』，內容當然不論其爲土經、洋經，只要能達到這個目的就成；所以其本質儘管由治術淪爲裝飾品，裝飾之作用不變，裝飾品也不許變。

方法更是依據目的與內容而決定的。胡適之氏說（見「胡適文存」卷二）：『古代社會有貴賤，上下，勞心與勞力，治人與被治種種階級。古代的知識和道德論都受有這種階級制度的影響，……教育學院也受了這種影響，把知與行，道德與智慧，學校內的功課與學校外的生活等都看作兩截不相聯貫的事。』從胡氏這段話可看出我們的教育內容與方法在受着什麼的支配了。

不論新舊教育，既然一切都以考試作判斷，及格者則獲得功名與資格，那麼，各種學習也就以準備應考爲目標。科舉時代有縣考、府考、會試等等；今日有入學考、小考、期考、畢業考、會考、升學考、普考、高考、以及錄用某種人員考等等。每一受教育的人，一輩子不知要經過多少次考試。

考試是難關，人人怕考。其所以難，在於考死的記憶。水的成分是什麼？要你憑記憶寫出來。法蘭西大革命的原因是什麼？要你憑記憶寫出來。菠菜含有什麼維他命？要你憑記憶寫出來？甚至於孔夫子是那一年死的？還是要你憑記憶寫出來。科舉時代，考題不出四書、五經的範圍，所以每個人都非背得爛熟不可；尤其是遇到「截搭」題，記憶不淸便寫不出文章。

以此之故，先生講，學生聽，先生寫，學生抄，都是爲了考試，而且每一學生都須把先生所講所寫牢牢記住，以免考不及格。如果有人出考題問你去年今日中午在什麼地方吃的什麼飯來，你一定覺得可笑；可是各種考試的題目，要學生作此種記憶的，正比比皆是。每餐吃的飯菜，除有特殊原因，理無記憶之必要，是大家公認的事。吃飯菜爲了營養；雖然不記得，只要消化得好，也就成了。醫生診斷健康是以身心發育和營養狀態作標準，除非有了問題，才檢查你平常吃些什麼。而在教育上，所考的都不是身心發育，不是營養狀態，不是消化理解，偏偏要你死死地記憶每餐吃了些什麼。

考試之要求如此，那末，學習的方法便只有記憶。舊日在私塾裏，要學生學一章立卽背誦一章，甚至一開始不講解，光背誦。後來學校裏，除掉國文、英文之類要逐課背誦，其餘到考試時才用得着記憶，學生便臨時「開夜車」，便投機取巧，便想盡種種方法舞弊。當場或許可得一百分，然而考過卽忘掉；縱不忘掉也未必理解，理解了也未必有用；然則這種記憶有什麼價値？不管它，能記憶得出就好，就給予分數、文憑、學位……。

所記憶的到底是些什麼呢？是書本上一課一課的死材料。記憶死材料就叫做「讀書」。用得到批判那些死材料否？傳統教育告訴我們：不用！

這樣地讀書從何處入手呢？不論新舊教育，一致的答案是：識字。識了字讀書，讀了書應考。所謂方法，盡於此矣。這是我們傳統的教育方法，是一條鞭。

順着這一條鞭進行，不問健康，不用實踐，不談創造，不理生活，不看社會，不事生產，只要關在課堂裏，努力識字讀書，加緊記憶考試，獲得分數文憑，就成功了。

這一條鞭首先把知與行分爲不相干的兩橛。雖然我們的學校裏有所謂「課外活動」，但在記憶考試的威脅之下，誰有興趣於「活動」呢？誰肯理會「正課以外」的事物呢？外國的教育方法，從前也是這麼一條鞭，所以有所謂“extra curricular activity”這個名詞。“extra”之意義是額外的、附加的。一個人在飯館子裏吃過飯菜之後，如果賬單上有各種附加的捐稅和堂彩之類，不感覺頭疼嗎？學生們應付所謂正課已感筋疲力竭，對於額外種種，當然感覺討厭。我們把 extra 譯作「課外」，固很巧妙，然而所謂新教育，把知與行切爲兩片的傳統基礎也打得牢牢地了。

既然知而不行，況且只是記憶死材料，而非眞知，則學校與社會之間的一道圍牆也高高地築在那裏。雖然有各級學校「社會服務」和「兼辦社會教育」種種規定，只因這些都屬於「正課以外」，也就等閒視之。國聯教育考察團看見我們這種嚴重的錯誤，想用「以課外活動爲主體」的辦法來矯正（見「中國教育之改進」），這因爲西洋的教育逐漸向這方面進步了，可是我們的事實距這方不光很遠，而且一貫地在背道而馳着。

從外國抄來的學校教育仍繼承中國的傳統，倘不足怪；而號稱以改造教育和改造社會爲務的社會教育，這些年來也教那些跌落在教育圈外的男女在識字、讀書、記憶、考試這條古老的鞭子下進行，就不可解了。這究竟是傳統勢力勝過改造的要求呢？還是教育者執迷不悟呢？

爲加強這條鞭的力量，若干年來，拚命介紹外國人的心理學說與實驗。心理學固有研究之必要，然而誤用在這條古老的鞭子上，就十分寃枉。正因在方法上隔斷了教育與社會，當然社會學對於中國這條鞭子就無所用。中國學教育，偏重心理學，輕視與方針政策有關的社會學，（有教育學院和師範學院的課程爲證）這也形成了一種傳統成見，此一傳統成見。造成多麼大的損失與錯誤！

更荒謬者，在方法上考試不光爲了判斷記憶的成績，並且考試成了教育者之武器，好似對付孫行者的緊箍咒，不只用以逼迫學生伏案用功，更好用以鎭壓學生的頑皮搗亂。只要考試的次數多，考試的題目難，考試的分數緊，學生們怕不及格，自然俯首就範，再也不敢鬧問題，無暇編壁報……了。

另一種運用考試的離奇意圖，是沽名釣譽。常聽到有人恭維某學校辦得好，理由是考試特別嚴，事實是每學年因不及格而開除或降級者一大批，因而三班併兩班，兩班併一班。這種以考試炫耀學校身份而廣招徠的教育心理，應該是從「生意經」出發呢？是不人道呢？

夏丏尊氏譯的「愛的教育」，除去其階級色彩，實在是一本好書。該書敍述細膩、生動、深刻、感人。原作者對於極細微的事，也必判別善惡，絲毫不馬虎。獨紀述到學年之末，官廳出的考題特難，逼得學生們大舞其弊，連一個最理想的好學生名卡隆者，也只好用「傳遞法」幫助其隣人，監場的教師對全場視而無睹。原作者只把這一幕繪出，而未表示其褒或貶的態度，縱不好說他默許舞弊，至少在他感到這是教育方法上的一大問題。

最近大公報上載有「一個母親的控訴」一文，其中有一個中學生給他母親的信，竟說到『我國中學教育是教學生舞弊』，一個中學生斗胆下此結論，是因爲他從功課之多與考試之難體驗出來的。

固然，我國教育之全盤問題不單純在乎考試，而考試實在是聯繫內容與目的之關鍵。近來許多人集中攻擊考試，也正如此。雖曾經有人以考試制度爲中國所特有而向世界誇耀，但考試恰好居乎這條古老鞭子之尖端，打在人身上，是最疼的。教育者應該想想自己身上一條條的血印，再深切考慮如何改造這條鞭子了。

四　從效用看——桎梏着中國的出路

綜合起上邊的話來看：教育之目的是造就統治階級，教育之內容是統治者所需要具備的治術與裝飾品，教育之方法是由識字讀書記憶考試以換取當統治者之資格的一條長鞭。這便是我們古往今來的一套教育傳統。這傳統，說是封建社會孕育的也可，說是儒家爲强化封建社會之秩序而創造的也可。既是數千年的傳統，便有絕大的權威，所以在封建社會而又淪爲次殖民地之後，僅只把『上致君，下澤民』之「君」換成了軍閥和帝國主義者，就仍舊安然無恙；儘管制度、課程、教材大部改換，而只是在原有的傳統上加了一層洋漆，添了一把洋鎖，好比在犯人的雙手上於土製的鐐銬之外，又加上了洋的鐐銬，這一來，更無掙扎之餘地了。這不是雙重的傳統桎梏嗎？

桎梏是牢牢地束縛着不許逃脫的工具。我們的教育有了這雙重的桎梏，在效用上便產生了莫大的禍害。

先就教育自身看：一般人都承認，教育是培養人才的，是提高文化的。爲提高文化，教育必須致力於量的普及；爲培養人才，教育必須表現其質的優良。在我們這一套傳統之下，教育既爲造就統治階級而有，也就把持在統治階級手裏；『士之子恆爲士』，即其明證。『民可使由之，不可使知之』，更是不許可解放教育權利給多數人以維護統治階級之特殊勢力的教條。另從士以外的農工商多數人看，他們除掉極少數不安本分或發了財者，要其子弟受教育準備爬上統治階級，其餘絕大多數，雖綽號曰「文盲」，眼睛却睁得雪亮，他（她）們曉得，從事於農工商各種生產活動，根本用不到去學那些饑不能食寒不能衣的治術，更買不起那些裝飾品。這表示他（她）們既不能、也不肯去接受這條古老的教育鞭子，以免白白地在身上打些血印。以此之故，清末以來的統治者，天天嚷「普及教育」，而事實上既想用從外洋販運來的班級制度去套在那些無錢無閒的勞苦大衆頭上（愈在現制下研究「招生」、「留生」問題，愈見其心勞日拙。），又想用識字讀書記憶考試這條鋼鞭打在整天爲衣食所苦的勞働者身上，還想用各種牌號的洋雪花膏塗在那些滿是汗漬油垢的臉上，這種的「普及教育」，應該老實不客氣地說：在意識上是敷衍欺騙，在行動上是開玩笑。一言以蔽之，爲雙重傳統桎梏着的教育，是永遠普及不了的。儘管有人常拿以「假定」和「估計」作根據的「文盲百分比」來表示普及的進度，只要把各種「數目字」的西洋鏡拆穿，則立即顯示出一幅「掩耳以盜鈴」的圖畫來。既然我們的教育被桎梏着不得普及，文化水準又何從提高？再就質看：我們首先應該承認，在任何時代任何教育的環境裏，都曾產生過人才；應否歸功於那種教育，却大是疑問。因此，儘管這幾十年來，中國也產生了些什麼人才，甚至於在世界上有地位的什麼家，却不當盲目地認爲這是新教育的成果。有多少人是靠「自學」而成功的，有誰作過此種調查？縱令承認是新教育之質的成就，也不該用砂中淘金的眼光，而必須從大多數受了新教育的人考量。供帝國主義者驅使的買辦階級算人才嗎？四體不勤、五穀不分的書呆子算人才嗎？肩不能擔、手不能提的消耗者算人才嗎？作威作福、貪污納倒的自私自利者算人才嗎？食而不化、照老樣翻版的教書匠算人才嗎？一味時髦享受、家不會理、子女不會教育的「女士」算人才嗎？留戀都市、忘記鄉村、再也不肯回頭的浪子算人才嗎？有了文憑、得了學位就算人才嗎？……倘使對於這些問題都以「否」來答覆則放眼一觀，茫茫四海，新教育造就的人才在那裏!?北伐之前，已有人大喊我們底教育失敗了（如莊澤宣、舒新城諸氏），到抗戰末期，又有人結算我們的教育全盤失敗了（如陳果夫氏），然則失敗的癥結是什麼？教育底這一套傳統，雖不完全是教育自身構成的，可是就結果上看，教育之所以全盤失敗，甚至可以說禍害多端，不是這一套傳統造成的嗎？

教育自身既不幸而有此量不得普及、質不能優良的惡果，則其對於國家社會的貢獻，也不難窺見。第一，多一個受教育的人就多一個「人上人」，也就是爲統治階級多增加一分力量，影響到政治上就是多一層「民主化」的障礙。辛亥革命本爲了爭取民主，可是到抗戰勝利之後才喊出「民主化」，才要開始「化」，從這裏不可以理解問題的關鍵嗎？同時在另一方面，佔國民絕大多數的文盲大衆，根本享受不到教育權，而且減少一個文盲則又增加一個反民主的份子，於此不更清楚地暴露出我們的教育傳統在無情地桎梏着我們的政治，不許其邁上民主大道嗎？第二，多一個受教育的人就多一個消耗者，也就是爲帝國主帝的經濟侵略多增加一個推銷員，影響到經濟上就多一層「自力更生」的障礙，更談什麼「工業化」？在「中國之命運」一書中曾有實行中山先生的「實業計劃」第一期所需的幹部數字，美國的一位上校史瑞夫(Shreve)代我們擬的「成人教育計劃」中也要首先爲工業化而培養多少技工。請問，這些幹部和技工從何處來？能够從天上向下掉嗎？只要承認必需求之於教育，則教育的一套傳統，在目的上、在內容上、在方法上都是以製造「勞心者」爲務的。受不到教育的男女大衆，雖不能工業化，却還可以生產勞働，而受了教育之後反倒不生產不勞働了，試問工業化將如何「化」起？這是不是教育的傳統在桎梏着我們的經濟，不許其邁上工業化的大道？其餘不必再說，單就教育傳統對於政治、經濟兩方面的反面效用想想，也就够嚴重了。或許有人覺得這種想法太誇大了教育的力量，好似把中國整個出路之打不通都歸咎於教育，是不公平的。教育本身不萬能，並且上述教育的一套傳統也由我們的社會、政治、經濟所造成，這固然都是事實；但是，多種原因產生一種結果，而這一種結果又變爲製造新結果的原因，因果關係旣連續不斷，則不當單純切取一段來看；倘使這種道理不錯，則至少應該承認我們的教育傳統是阻礙政治和經濟進步的多種桎梏的一種。只因上文所檢討的是教育對政治、經濟的作用，或不免令人有一切的罪過都在教育身上的錯誤感覺。

然而我們還非深一層想不可：桎梏政治、經濟進步的原素雖多，到今天，結算起來看，教育的傳統却是其主要者，正因教育之目的、內容、方法處處都影響到國民的思想與生活；教育的力量，不論在正面反面都是偉大的，它不能在正面發生力量時，在反面必然有不可侮的力量。

五　從出路看——教育必須由尾巴變成頭

教育之爲物，特別奇怪，它在一國底社會中（也可說世界上），可以當尾巴，可以當頭，也可以當心臟。

在正常狀態下，它無疑問地是心臟，擔負輸送血液到全體的任務，並且不斷地濾過血液，使之到各器官發生榮養、生長和抵禦腐化以至於新陳代謝的功能，也就是它對政治、經濟、社會、文化發生配合推進的正面作用。當然這有其條件，就是這個機體沒有毛病，且更能從他種器官繼續接受供給變成血液的原料，而各器官同時又能允許血液暢通而發揮血液的功能。

在反常的狀態下，教育會變成尾巴，只聽命於全體的支配，也就是爲政治、經濟、社會、文化各方面所控制，而不得發展與改造，可是這個尾巴是沉重的，「尾大不掉」，它可以拖累全體不能自由前進，於是乎發生上面所說的不可侮的反面力量。

但是在另一種反常狀態之下，教育也有資格變成頭，不顧一切地領導着全體往前衝，也就是充當全盤革命的先驅；不過這也必須有條件，就是它自身有覺悟，覺悟到它既不能當心臟，又被迫當尾巴，能躍向前去變成頭；這意思就是說，它能有勇氣、有魄力決然毅然掙脫一切傳統的桎梏，一手擎起革命的火把，一手緊握衝鋒的武器，而由解放自身起，解放到全局。然則教育怎能有此覺悟呢？這就有賴於辦教育和受教育的人（尤其是受教育者），感到桎梏的苦痛，看到時代的需要，想到中國以至於世界的出路，而不永遠在痲木昏迷梏桎之下。這問題，我將另寫一篇「教育能否由尾巴變成頭？」

「中國傳統思想」與「現代化」

周憲文

一

新中華準備出「中國傳統思想」特輯，編者知道我在「翻翻」中國的舊東西，來信要我也得湊個熱鬧，並希望字數在萬字以上。而其實呢？我在「翻翻」中國的舊東西，這是一件事；我不但不願把別人也引進「舊紙堆裏」，而且並不希望別人注意我的「翻翻」。雖然有時我也在雜誌上，發表一些「翻翻」的結果，目的祇在向少數人請教，並不希望很多人的閱讀。為什麼呢？因為時代迫切地需要今天中國的有志有為之士，努力前進；沒有工夫可讓他們徘徊回顧。個人埋頭在舊紙堆裏，已經是脫離了現實，再把別人引進舊紙堆裏，那就有些近乎罪過。所以本文為應編者的希望，雖然題為「中國傳統思想」與「現代化」，而我主要的目的，是想談談中國「現代化」的問題，藉以贖罪。不過，我仍得聲明一點，這祇是我「興之所至」的一篇隨筆，並不是有系統有組織的論文。

二

遠在前清末年，現代的工業文明，闖進了中國的農業社會，「四書五經」抵不住堅甲利兵，維新之士，喊出了一句口號，叫做「中學為體、西學為用」。終因不知體用原係一物，中學之體與西學之用，無法結合，結果是失敗了。直到民國初年，在我們這一輩人束髮受書的時候，尤其是在「五四」運動以後，大家都已明白「中學為體、西學為用」這一辦法的不對；這是現代中國的一大進步。說到現代中國的進步，我以為不但在中國史上是空前的，即在世界史上也是空前的。就由封建社會走向民主社會這一過程來說，世界上沒有一個國家曾有中國進步之速，八年抗戰的勝利，祇是現代中國大踏步前進之一

「表現」而已。中國已經大踏步地前進，中國正在大踏步地前進；這中間充滿了樂觀的氣象，沒有半點可以使人悲觀喪氣的。

三

不過，中國已在猛前大踏步地前進，是一件事，中國到底進步了多少，又是一件事。這就因爲中國的封建制度，已有幾千年的歷史，根深蒂固，不是可在很短的時期以內剷除盡淨的。這好比我們在深山裏走路，雖然路已走了許多，但峯迴路轉，仍舊未出深山。誰如不信，隨便舉個例子。昨日偶在街上看見一幅木製的標語，寫着『恢復舊道德、建設新國家』。這似與中學爲體、西學爲用無關，而其實還是中學爲體、西學爲用的化身。不說別的，亦即不問這所謂舊道德與新國家的內容究屬如何。照理說來，我們既要恢復舊道德，則所建設的國家，一定也是舊的；反而言之我們既要建設新國家，則所需要的道德，一定也是新的；一方面要恢復舊道德，另方面要建設新國家；這是不可解的。如果我們認爲舊道德是好的，那祇好提倡復古，希望回復到「唐虞盛世」；如果我們認爲新國家是好的，那祇有拿出勇氣來建立並接受新道德。我們一方面要建設現代的國家，另一方面要恢復古代的道德，這還不是中學爲體西學爲用的化身嗎？

四

中國的封建勢力，說來實在是十分頑固的；近幾十年來，不但由中學爲體西學爲用，一變而爲恢復舊道德建設新國家，弄得大家「目迷五色」；而且類似這一「目迷五色」的變化，還表現在中國人的各種思想與行動上。這也可以舉證的。有一天，我聽一位先生講話；他痛恨中國官場的攀親引戚；任用私人；他認爲中國「一人成佛，鷄犬升天」的辦法，實是目前庶政腐敗的一大原因。他講得頭頭是道，我也聽得津津有味；因爲他的話是不錯的。隔了幾天，這位先生又講話了。他說中國的家族制度是很好的，當那抗戰發生的初期，沿江沿海的大批人民，都向西南撤退，假定在外國，政府將化大批的錢來辦救濟事業，幸在我們中國，政府儘管「視若無睹」，他們到了西南，也都各得其所。此無他，靠了中國的家族制度，彼此幫忙。他仍是講得頭頭是道，我也聽得津津有味。因爲他的話，確也是不錯的。但是仔細想想，這些話還是落了中學爲體西學爲用的老套。中國因有家族制度的存在，所以中國人在需要的時候，就可投親靠戚，不致於流離失所，這是一方面；但在另一方面，又正因如此，中國人也就不免而亦不得不牽親引戚，任用私人。這是一物的兩面，不可分割的。「上焉者」（或有辦法者）拿自己的親戚與朋友的親戚交換任用；「下焉者」（或少辦法者），那就祇好拿自己的親戚安插在自己的機關裏。但就「道德」的觀點看來，毋寧是後者比前者還要好些。不用私人（指安插私人而言）是西洋的「作風」，家族制度是中國的「土產」，所以我們一面讚美家族制度，一面排斥攀親引戚。這仍未跳出中學爲體西學爲用的範圍。

五

講到西洋的作風與中國的土產，我想轉個方向來說。記得好多年前，有人曾經主張過中國要全般西化，那就是一切都要學西洋。當時有很多人反對。理由極簡單。我們是中國人，爲什麼一切都要西化；難道我們一定也要不吃飯，吃麵包麼？而其結論，我們當取西洋之長以補中國之短；亦就是中國的長處，仍得保留。這話說來似乎入情入理，而其實呢？這與「中學爲體，西學爲用」，仍祇有五十步與百步之差，祇不過字面上說得好聽而已。因爲我們既承認中國雖有短處，亦有長處，而祇欲取西洋之長，補中國之短；那就得問，中國的長處是什麼？吃飯固然不比吃麵包壞，但也不一定比吃麵包好，這中間並沒有好壞可說。要說好壞，說來說去，仍脫不脫一句老調，我中國的精神文明比西洋來得好；所以我們一方面要接受西洋較好的物質建設，另方面要保留我們較好的精神文明。而這，追究下去，還是上面說的一個標語——恢復舊道德、建設新國家，亦即中學爲體、西學爲用。

六

如此說來，難道眞的我們一切都要西化，一切都要學西洋人麼？這話自有毛病。就人論人，中國人決不比西洋人差，反過來，就是西洋人決不比中國人好。而且各有各的環境與習慣，彼此都是不能學的。不過，我們如由「地理的觀點」轉到「歷史的觀點」，亦即由「地」的看法轉到「時」的看法，那就可知，這根本不是什麼中國與西洋或中國人與西洋人的問題，這是農業社會與工業社會的問題，因爲社會的進化，是由農業社會到工業社會的，亦即是由農業生產到工業生產的，所以這一問題，實在可說是古代與現代的問題。我們今天自認爲中國之長的，前面已經說過，那是在精神方面。而其實呢？這些無一不是農業生產的結晶，亦即是農業社會的出品。中國的家族制度固然如此，其他一切，無不皆然。所以，時至今日，祇要我們無法保持或恢復過去的農業社會，而必須向現代的工業社會推進，則中國舊文化的沒落，實爲必要的事實。反過來說，祇要我們認爲中國在「現世界」，必須「現代化」，那末，好也罷，壞也罷，我們的「精神文明」，亦得跟着「物質文明」而轉變。這就是說，我們要建設現代工業生產的新國家，那就得樹立現代工業國家的新道德。一方面要建設新國家，另方面要恢復舊道德，諸如前述，這還是中學爲體西學爲用。

七

也許有人會說，我們的舊文化是很好的，我們爲什麼要學那些壞的新文化呢？說到好壞的問題，那就不是這樣的簡單了。就以家族制度來說；在那農業社會，因爲農業生產的關係，乃就產生家族制度（詳見拙著「家的經濟觀」），所以家族制度在農業社會，這是「必要的」，而亦是「道德的」（就是好的意思）。但在工業社會，因爲工業生產的關係，乃就產生個人主義，由大家族變成了小家庭（詳見同上拙著）；所以小家庭在工業社會，這是「必要的」，而亦是「道德的」。這就是說，一種制度的好壞，這祇看是否與當時當地的生產方式相適應，並不是絕對的，並不是不變的。而且任何事物，必有正反兩面；而這正反兩面，且如影之與形，不可分離的；我們如果認爲家族制度好，那就得忍受「牽親引戚」。在這意義上，牽親引戚，也不是壞的，也不是不道德的。反之，我們如果認爲牽親引戚壞，那就得根本推翻大家族制度，同時必須承認西洋現代的小家庭制度，不一定比中國過去的大家庭制度來得壞，像今天西洋人這樣「自食其力」，彼此不相照顧，這也是好的，而亦是道德的。

八

現在不妨再舉一個例子。那就是民主政治。中國的農業文化，是崇尙消極的謙讓，亦即反對積極的競爭。所以儘管臣子篡奪，亦得變爲皇帝禪讓，且須三推三讓。這在過去，算是一種美德。但是今天的工業文化，却是相反的，崇尙積極的競爭，反對消極的謙讓。而現代的民主政治，就是這種工業文化的結晶。這與謙讓的道德是不相容的。這是以競爭爲道德的。要謙讓就不能參加競選。現在甲乙參加了競選，但是彼此都爲表示中國的謙讓美德，甲投乙票，乙投甲票，這在今天的道德上，却是說不過去的。因爲你既投他票，那就表示你自己承認不如他，照理你得放棄競選，並進而號召擁護你的人，轉而擁護他；再不能希望人家來投你的票。一面自己選別人，同時希望人家選自己，這在現代的道德上，無論如何是講不通的。這在現代的民主政治上，毋寧是不道德的。明乎此，我們可以知道文化是整體不可分割的，我們要保留中國的舊道德，就得主張恢復中國的舊國家。我們要建設新中國，就得放棄舊道德。我們不能老在中學爲體西學爲用的圈子裏打滾。

九

講到中國的舊文化，自然會想到中國的古書籍。最近我在台灣看到文物展覽會，裏面陳列了許多宋元版本，這在中國的文化史上，自然是很有價值的。不過，這些東西，畢竟是博物院裏的陳列品，現在展覽出來，這顯然不是要人家去研究這些古本的內容（因爲書鎖在玻璃櫥裏，內容是無從研究的），是要大家知道中國曾有這樣的印書技術。不過，如就印書技術來說，不論字或紙，都是比不上現代的出品的。慢說別的，就是現代的小學教科書，也比這些古書好多了。這有什麼稀奇呢？這有什麼可以寶貴呢？有之，必須加上一句說明，那是幾千百年前的東西（必要的時候，更得加個註脚，在我們有這些東西的時候，別的國家都還沒有）。就算這樣說明了，一位「有心」的「看客」，一定會想到，或者會問起，「那末，現在呢？」現在不如人家，拿這些舊東西來表示過去的光榮，這恐怕是不甚光榮的。這至少證明「我們」的不長進。試問我們看見一位自己沒有知識的青年，拿着祖先的「朝珠補掛」，來表示「上代人」的博學多能，並自以爲光榮，這是一件如何應當考慮的事呀！

十

總之一句話，這些舊東西，祇好放在博物院裏。爲什麼要放在博物院呢？一則讓「有心人」，當作古董去看看，使他們知道中國過去曾經有過這些東西；看過也就算了。二則讓「有心人」，進一步去做些考古的工作，讓他們告訴我們，在當時中國爲什麼有這些東西；更由此，使我們可以知道，爲什麼到現在會沒有了這些東西。目的是在「策勵來茲」，不是「迷戀既往」。我們看了這些東西，應當是覺得可哀，不是覺得可喜。換個方式來說，這些都是博物院裏陳列着的僵屍；有心人去看着玩玩，這是可以的；進而想對這些僵屍；有所研究，那也是可以的。如果以有這些僵屍爲榮；把它裝在車裏，遊街示衆，並大吹大擂地多方號召，那是可以不必的。在今天，我們看看這些古代的文物，我們得用悲壯的心情想一想；中國在幾千年前，已經發明了指南針與火藥，何以直到今天，人家已有「雷達」，而我們還是這樣的指南針與火藥？而且指南針祇被我們用來看風水；火藥呢？我們用來製鞭炮。這樣的發明，配合這樣的用途，我們豈可引以自豪。這毋寧是可羞可哀的。

十一

寫到這裏，憶及近日在報上看到某先生所寫一篇關於中國毛筆的文章。據說當局曾經規定學生寫字要用毛筆，意在保存國粹，而其結果，今天學生，大多仍棄毛筆而用鋼筆。他的意思，與我相似，這毋寧是一種進步的表示；可知歷史的車輪是無法令其回頭的。不過，我在這裏，還要說些「我自己的話」。中國的毛筆，是以毛與竹製成，原是農業社會的一種產物；西洋的鋼筆，則爲工業生產的結果；由毛筆而鋼筆，這是人類文化的一大進步。中國人用鋼筆，這不是中國人「西化」，不爭氣；這是中國人現代化，向前進了一步。再說一句，鋼筆決不是「西洋的」，乃是「現代的」。因爲就是今天用鋼筆的西洋人，在現代工業沒有出現的時候，他們也是不用鋼筆的；因爲沒有現代工業根本不可能產生鋼筆。我們如果認爲毛筆是我們祖宗的傳家寶，棄毛筆、用鋼筆，這是中國人學西洋人，那祇表示自己的不求進步。今天求進步的辦法，不在不用鋼筆，而在設法自製鋼筆，或者發明比今天的鋼筆更進步的東西。這也就是我們要由農業社會向工業社會推進。固步自封，自暴自棄，而美其名爲保存國粹，這就毛筆與鋼筆來說，是根本忘記了筆之爲用和毛筆與鋼筆的時代意義。

十二

我亦聽人講起，不是中國人不肯現代化，畢竟因爲中國的社會與現代的國家不同，強學現代國家的辦法，這猶枯踰淮而成枳，利未見，而弊先睹。譬如說現行的審計制度。這在今天的中國，是獎勵人家假造報銷，一無是處。我承認這一現象是事實，可是我的結論，是中國應當趕緊現代化，使能接受現代的審計制度，不是說因爲自己的落後，就甘自落後，而不求前進。這一說法，也可應用在民主政治上。今天中國的社會條件，離開民主原是相當遼遠的，實行起來，鬧笑話原是不免的，各種流弊也是可以豫見的；但是我們却不能因此而不講民主；我國祇可在錯誤中求改進，我們萬不能因噎廢食；因爲事情是顯然的，如果我們要待「能行民主」，然後「再行民主」，那永遠是不會有民主的；祇要我們的目的，確求民主，則在今天，不僅應當即行民主，而且不能遷就封建的事實，損害民主的精神；任何對於舊的遷就，都會阻礙新的進步；爲了「除舊佈新」，寧可「矯枉過正」。

十三

我這篇東西，固然在開頭時已經說過，祇是一篇「隨筆」，但隨筆寫來，未免離題太遠，現想「拉緊一把」。說到中國的傳統思想，在我看來，完全是農業生產的反映。因爲過去中國的農業生產，比過去世界任何國家都要發達，所以中國的傳統思想，不獨在中國的歷史上，就是在世界的歷史上，也佔據着光輝的一頁。但是任何農業文化，發達開來，一定由於農業生產的結果，形成封建的體制。所以中國的傳統思想，就這方面說，也就無一不具封建的性質。這種農業社會封建性質的傳統思想，無論如何，與現代文明是不相容的。不說別的，亦說民主，試問中國的傳統思想，幾曾有過這樣的東西？這就因爲現代的文明，無一不是現代工業生產的結果。今天中國所異於西洋的，我在前面早已說過，這不是什麼中國與西洋的不同，這祇是西洋已經現代化，亦即已經工業化；至於中國，則還落後在農業社會；今天的中國人，在有意無意之間，還充滿了農業社會的傳統思想。但是這種傳統思想，對於中國的現代化，實在是個障礙。這，我們並不是說中國的傳統思想不好，而祇是說，時至今日，除非我們還能閉關自守不與現代的工業國家相往還，那末這些思想，祇好像宋元版本一樣，把他搬進博物院，以供有心人的欣賞與研究。

十四

然則，如何可把中國的傳統思想搬進博物院，而促中國現代化呢？這不是空言可以收效的。根本的辦法，我們先得知道中國傳統思想的依據。這在前面，亦已提起；比較詳細的說法，中國的傳統思想，一是依據農業生產，二是依據基於農業生產的封建制度。而封建制度之在農業生產上的表現，那就是少數人由於土地所有的形態束縛着多數人。所以我們要使中國現代化，固然要使中國走上工業生產的大道；不過，我們要中國能够走上工業生產的大道，先得在土地的所有形態上解放這種少數人對於多數人的束縛。蓋必如此，建基於農業生產的封建制度，始可澈底推翻。亦因如此，所以孫中山先生提倡「耕者有其田」，這不僅要使耕者有飯吃，更重要的，是要澈底剷除封建制度的根子，使中國得向現代化的大道邁進。又所謂現代化，其實就是工業化，所以必須中國進入了工業化的境界，中國所有的農業思想，才得澈底改觀。不此之圖，則任何建設新中國促使中國現代化的計劃，都將是紙上談兵；而中國的傳統思想，也就不失其存在的依據。

十五

由上可知，所謂中國的傳統思想，如用簡單的圖來表示，則如左。

農業生產 ——〈 農業思想 ／ 封建制度——封建思想 〉—— 中國傳統思想

那就由於農業生產，一方面產生了農業思想，同時形成了封建制度，並由封建制度，產生了封建思想。而這農業思想、封建思想以及兩者的交互爲用，就是中國全部的傳統思想。而集此傳統思想之大成者，自爲至聖先師孔夫子。我們研究孔子的全部言論，沒有一句不是農業思想、封建思想或爲兩者的混合體。在這意義上，孔子確不失爲中國過去最偉大的思想家。他的一言一語，都有其時代意義，都抓住了時代背景。在中國傳統的思想史上，除了孔子及孔子爲代表的儒家思想以外，就思想的派別來說，還有道家，還有法家以及其他的派別。但是依照我的看法與說法，凡此一切，都似一隻手上的指頭，他們是同其本體的，亦卽都是發源於農業生產的。比方說老莊的「無爲」與孔孟的「中庸」，那祇是兩種人對於一種物的看法；兩者都是農業思想，兩者正是「同胞的弟兄」。他們的「對立」，也正猶弟兄的「分歧」。詳見拙著「論無爲」及「論中」「論庸」，玆不伸引。

十六

在以農業生產爲主體的社會，照理說來，也祇能有農業思想、封建思想及此兩者的混合體，而不可能有其他思想的。所以孔孟與老莊的思想，固然是同其「父母」，甚而至於焚書坑儒的秦始皇，都是不能例外的。秦始皇把孔子的書燒了，把讀孔子書的儒埋了，這在思想上，應當是與孔子正相反對的。但在他們的思想深處，還是一脈相通的。這就奇怪了。在此，我不想另有所述，而僅抄錄拙著論語新研初稿「賢賢易色」篇的一段如下：「……我曾說過，孔子與其說在講學，不如說在傳道。傳道的目的，重在人行，在這意義上，所以孔子的言論，是重在力行的。至於講學，則其目的，重在人知，知而後行，固所期待，但知與行，則爲兩事。正因孔子是重行的，所以發展下去，就變爲「民可使由之，不可使知之」，至於焚書坑儒的秦始皇，就不如孔子了。他的目的，本與孔子一樣，也在「民可使由之，不可使知之」，但他不了解儒與書，運用得法，更有促進「民可使由之，不可使知之」的作用，因把孔子的書都燒了，把讀孔子書的儒都埋了，所以總不能長治久安。而其實呢？他們的時代背景是相同的，他們的最後目的也是一樣的。』

十七

爲要說明中國的傳統思想，按照順序，第一必須說明農業生產的特徵，第二必須說明農業生產與農業思想的關係，並進而指出中國傳統思想上的一些農業思想。第三必須說明農業生產與封建制度的關係及封建制度何以產生封建思想，並進而指出中國傳統思想上的一些封建思想，（這一工作的擴大，就是一部中國的思想史），不過，我現在並不打算這樣做。這有兩個原因，一則我在本文開頭，就已說過，我這篇東西，並非研究中國傳統思想的論文，而祇是討論「現代化」的隨筆。第二、也因關於這些問題，我曾經「具體而微」地在各篇論文上說到過，現在不想重述。讀者如果有興趣，可以看看拙著「論中」、「論庸」、「談人事」（人事本質論）、「論命運」、「說福」、「家的經濟觀」、「論無爲」、「談知足」、「原謙」、「原勤儉」、「人心不古論」、「武化文化與物化」以及其他有關諸篇。就由這些「並無系統」的論文題目，也可看出中國傳統思想的主要內容。總而言之，中國的傳統思想，由於農業生產的關係，是傾向消極保守的，是非科學的；是非民主的（即是封建的）；這與傾向進取積極，以科學民主爲主體的現代思想，是屬於兩個系統的。其間雖無本質的好壞，但確有時代的區別；祇要我們認爲由農業生產至工業生產，這是人類生產方式的一種進步，而且中國處今之世，已經無法不向工業生產前進，則傳統思想的現代化，不但是無法避免，而且須迎頭趕上的。

十八

說到傳統思想的現代化，這當然就是我們要完全接受建基於工業生產的現代思想。那末，現代思想的內容如何呢？這亦可以圖示如左：

工業生產 ＜ 工業思想 ＞ 現代思想
　　　　　 民主制度——民主思想

至於詳細的內容，這不是本文所要說的。簡而言之，一方面因爲工業生產，完全出於生產者的計劃，結果是極可靠的；易詞而言，亦即生產成果，是可預計的。所以反映於思想方面，也就崇尚科學，尊重眞理。另方面因爲工業生產解放了生產者在身份上的束縛，使現在的工人具有獨立的人格，（即使工人在法律上，與雇主取得了同等的地位），乃就產生了現代的民主制度。民主制度表現於思想方面的，就是平等與自由。這與封建制度下的不平等不自由，是完全相反的。而合此民主思想與上述工業思想，就成了整個的現代思想；一言以蔽之，是傾向於積極進取的，並以「科學」「民主」爲其主要的內容。這與中國的傳統思想，形成明顯的對照。一則尙中，一則尙極。一則重命運，一則重科學。一則主無爲，一則主有爲。一則崇謙，一則崇實。一則講身份，一則講平等。一則講束縛，一則講自由。一重人，講做人；一重事，講做事。兩者形成了完全的對立。

十九

畫蛇至此，似乎不能無足。一向過慣農業生活的人，驟然聽了上述這些與農業思想完全對立的現代思想，一定會大吃一驚，並認三十年來世界的幾次大戰，都是這種工業思想在作祟；於是，證明今不如昔，現代思想不如傳統思想。我所謂「蛇足」者，就是工業生產的性能，固然是傾向「積極進取」，但這是有一定的程序，絲毫不能亂來的；工業愈進步，則其程序愈嚴密。我們所以稱此爲「蛇足」，因爲這是關於工業生產的常識，本來用不到說的。而這嚴密程序反映於人類社會，那就是今天的法律。農業社會不像工業社會有法律，農業社會的人不能像工業社會的人守法，原因亦即在此。惟其如此，所以現代人儘管在自由平等的原則下積極進取，一反過去謙讓無爲尙中重命而同時又以「人束縛人」的作風，但是人與人的結合，反而加甚；社會的秩序，反而安定。我們不能祇看到三十年來世界的幾次大戰，而忘記了中國的一部二十四史就是相斫史；我們更不能祇看到槍炮殺人的可怕，而忘記了斬首分身的慘酷。人類愈能自由平等地競爭，人類愈能和平親愛地共處；至少人類必有眞自由，然後才有眞和平。我們與其說三十年來世界的幾次大戰，都是由於自由與競爭，倒不如說由於人類還沒有獲得眞正的自由，還不能有眞正的競爭。

二十

根據以上所述，可知中國要求思想的現代化，那還是「五四」當年的兩句口號，一是要科學，二是要民主。不過，我們要有科學與民主的現代思想，同時則非剷除與科學民主相反的中國傳統思想不可。不過，要剷除這種思想，那又不可忘了過去喊過的一句口號，「剷除封建勢力」。根本的辦法，前面亦已說過，是在澈底改造農業的生產關係；因爲否則，是不能發生很大的效力的。時代已經到了二十世紀的今天，關於剷除封建勢力這一必要，應當是沒有人會懷疑了的；問題恐怕還在什麼是封建勢力？封建勢力是如何產生的？劃除封建勢力應當從那裏着手？關於這些問題，大家並不一定會認識清楚。結果乃於有意無意之中，形成言行的未能一致。在這意義上，我又回想到「新中華」要出中國傳統思想特輯的意義，這是相當重要的；因爲祇有大家澈底明白中國傳統思想的淵源及其作用，大家才會眞正認識封建制度的時代意義，而急起直追的。這就是說，中國傳統思想特輯的出版，目的應當不在「迷戀旣往」，而在「策勵來茲」。

民國三十七年七月發行
民國三十七年七月初版

有著作權
不准翻印

新中華叢書 中國傳統思想之檢討（全一冊）

定價國幣三元八角
（郵運匯費另加）

編者 新中華雜誌社
發行人 李虞杰
中華書局股份有限公司代表
印刷者 中華書局永寧印刷廠
上海澳門路八九號
發行處 各埠中華書局

中國傳統思想之檢討

新中華雜誌社編